Sozialpolitik durch soziale Dienste

Schriftenreihe der Hochschule Speyer

Band 82

Sozialpolitik
durch soziale Dienste

Vorträge
des 17. Sonderseminars 1980
der Hochschule für Verwaltungswissenschaften Speyer

herausgegeben von

Helmut Klages und Detlef Merten

DUNCKER & HUMBLOT / BERLIN

Alle Rechte vorbehalten
© 1981 Duncker & Humblot, Berlin 41
Gedruckt 1981 bei Buchdruckerei A. Sayffaerth - E. L. Krohn, Berlin 61
Printed in Germany

ISBN 3 428 04967 5

Vorwort

Die Sozialpolitik hat nicht erst mit dem Ende einer Überflußgesellschaft neue Dimensionen gewonnen. Längst nicht mehr auf die „alte" soziale Frage des 19. Jahrhunderts beschränkt, sondern mit der Beantwortung „neuer sozialer Fragen" konfrontiert, steht sie augenblicklich vor dem Problem, daß ein exzessiv ausgebauter Sozialstaat mit seiner Dynamik sozialstaatlicher Leistungen auch zu einer Dynamik der Bedürfnisse führt — von einer ausgabefreudigen Wohlfahrtsdemokratie nicht nur toleriert, sondern auch inspiriert. Schicksal wird nicht nur als einklagbarer Rechtsverlust *(Fritz Werner)*, sondern auch als kompensierbares Betreuungsdefizit angesehen, wobei mit einem Rückgang individueller und familiärer Selbsthilfe die Nachfrage nach sozialer Fremdhilfe steigt.

Den aktuellen Problemen der „Sozialpolitik durch soziale Dienste" aus sozialpolitischer und sozialrechtlicher, philosophischer und soziologischer, ökonomischer und sozialpädagogischer Sicht widmete sich in der Zeit vom 25. bis 27. Februar 1980 das 17. Sonderseminar der Hochschule für Verwaltungswissenschaften Speyer, die diese Veranstaltungsreihe 1973 mit einem Sonderseminar über „Das neue Sozialgesetzbuch" eröffnet hatte. Die Referate des 17. Sonderseminars werden mit diesem Band vorgelegt.

        Helmut Klages   Detlef Merten

Inhalt

Eröffnungsansprache des Staatssekretärs im Ministerium für Soziales, Gesundheit und Umwelt des Landes Rheinland-Pfalz,

    Frau Dr. *Renate Hellwig*, Mainz 9

Aktuelle Probleme der Sozialpolitik

    Von Professor Dr. Dr. *Detlef Merten*, Speyer 17

Sozialpolitik und Sozialpädagogik

    Von Professor Dr. *Hans Pfaffenberger*, Trier 25

Soziologie und Sozialpolitik

    Von Professor Dr. *Helmut Klages*, Speyer 41

Philosophische und anthropologische Grundlagen moderner Sozialpolitik

    Von Professor Dr. *Joachim Kopper*, Mainz 55

Die Bestimmung des Inhalts von sozialen Dienst- und Sachleistungen

    Von Professor Dr. *Peter Krause*, Trier 67

Wie lassen sich die sozialen Leitlinien durch die Sozialverwaltung verwirklichen?

    Von Professor Dr. *Karl-Jürgen Schilling*, Mainz 79

Soziale Dienste — Angebot und Nachfrage

    Von Professor Dr. *Dieter Schäfer*, Bamberg 89

Eröffnungsansprache

Von Renate Hellwig

Der Beginn eines neuen Jahrzehnts ist in der Entwicklung eines Staates und einer Gesellschaft eigentlich ein zufälliger und willkürlicher Termin. Er ist dennoch ein Einschnitt, weil sich die Gelegenheit bietet, abseits von kurzfristigen Planungen, von Alltags- und Routineangelegenheiten einen längerfristigen Zeitraum zu überblicken — in der Vorausschau wie im Rückblick.

Wenn man diesen Anlaß dazu benutzt, die allgemeine Stimmung zu Beginn der siebziger und der achtziger Jahre zu vergleichen, so kommt man zu der Feststellung, daß sich der Einstieg in die beiden Jahrzehnte radikal voneinander unterscheidet. Die siebziger Jahre wurden voller Hoffnung und Optimismus begrüßt. Sie sollten — so schien es damals — das Jahrzehnt des Glaubens an die Machbarkeit werden. Entspannung, Chancengleichheit, Selbstverwirklichung und soziale Gerechtigkeit waren die großen Schlagworte. Es war die große Zeit der Sozialingenieure und Planungstechnokraten. Sie versprachen, lückenlos, präzise, detailliert alles zu erfassen, was mit Lebensqualität zu tun hatte. Sie suggerierten, daß umfassende Planungsinstrumente und -systeme zur Verfügung stünden, mit deren Hilfe jede gewünschte Zielsetzung in überschaubarer Zeit realisiert werden könnte.

Heute hat sich das Bild grundlegend gewandelt. Wir sind pessimistischer geworden, unsicher, wohl auch etwas furchtsam, wenn wir auf die internationale Lage sehen. Es scheint, als sollten die achtziger Jahre das Jahrzehnt des Erreichens von Grenzen werden. Immer wieder stoßen wir auf dieses Wort. Grenzen des Wachstums, Grenzen der Entspannung, Grenzen der Selbstverwirklichung und vor allem auch Grenzen des Sozialstaats.

Gerade dieser letzte Punkt ist mehr als nur ein Schlagwort. Er ist die Erkenntnis, daß Sozialpolitik in der bisherigen Form nicht uferlos weiterentwickelt werden kann, sondern eine Neubesinnung und Neubewertung der verschiedenen Elemente der Sozialpolitik notwendig ist.

Es sind vor allem drei Bereiche, in denen die Begrenztheit der bisherigen Sozialpolitik deutlich wird:

Zum einen der materielle Bereich. Ich kann mich hier auf Stichworte beschränken, da die Probleme breit in der Öffentlichkeit diskutiert werden: Eine Finanzierung sozialer Leistungen aus dem Wachstum wird immer schwieriger, da die realen Wachstumsraten zurückgehen. Die individuelle Belastbarkeit durch Steuern und Beiträge hat ein Ausmaß erreicht, das nicht mehr problemlos zu steigern ist. Auch die Belastbarkeit der Wirtschaft stößt an Grenzen, da einerseits die Produktionskosten durch Preissteigerungen für Rohstoffe und Energie rapide steigen, andererseits vor allem die Konsequenzen der Umweltpolitik als stetig steigende, betriebswirtschaftliche Kostenfaktoren an Bedeutung gewinnen. Die Erkenntnis setzt sich durch, daß der Erfolg oder Stellenwert der Sozialpolitik nicht unbedingt an der Sozialleistungsquote abgelesen werden kann.

Lassen Sie mich dazu kurz ein paar persönliche Anmerkungen machen: Ist unsere Vorstellung, der Sozialbereich müsse aus den Überschüssen des produktiven, insbesondere des warenproduktiven Bereichs finanziert werden, nicht korrekturbedürftig? Nach dem gegenwärtigen volkswirtschaftlichen Verständnis werden Dienstleistungen des öffentlichen Sozialbereichs dem einzelnen grundsätzlich kostenlos angeboten und dann die entstehenden Gesamtkosten aus Steuermitteln oder Sozialversicherungsbeiträgen finanziert. Also der einzelne kann und soll sich nach seinen Wünschen und Bedürfnissen im Selbstbedienungsladen mit öffentlichen sozialen Leistungen ausstatten und wird dann dafür nicht unmittelbar, aber mittelbar als Steuer- und Beitragszahler generell zur Kasse gebeten. Hatte nicht Marx die Utopie von künftigen Idealgesellschaften aufgestellt, in der jeder alles und nach seinen Wünschen und Bedürfnissen haben solle und die Solidargemeinschaft dies dann freudig erarbeite. Ich meine, im Sozialbereich streben wir bereits heute an, diese Utopie zu verwirklichen und wundern uns, daß es nicht klappt. Für mich ist das nicht eine Frage der Belastbarkeit des Produktivbereichs durch den Sozialbereich, sondern eine Frage der inneren Organisation von Angebot und Nachfrage öffentlicher, sozialer Leistungen. Lassen Sie es mich an einem stark vereinfachten Beispiel verdeutlichen. Wenn es uns gelingt, die Herstellungs- und Vertriebskosten einschließlich des Unternehmergewinns für ein Paar Schuhe auf 40,— DM zu beschränken und diese Schuhe dann für 50,— DM zu verkaufen, bleibt ein Spielraum von maximal 10,— DM für die Abschöpfung durch den Staat in Form von Steuern und sozialen Abgaben. Aus diesen 10,— DM werden dann beispielsweise die Medikamente finanziert, die der Patient gegen Krankenschein fast kostenlos im Krankenhaus oder in der Apotheke erhält. Unsere volkswirtschaftlichen Anstrengungen konzentrieren sich derzeit darauf, immer mehr Schuhe immer kostengünstiger zu produzieren, um dadurch immer mehr Medikamente kostenlos verteilen zu können. Wir müssen dabei feststellen, daß die immer breitere und kostengünstigere Produktion von Schuhen mit dem wachsenden Bedarf an Medikamenten nicht Schritt hält. Wen wundert das eigentlich? Ich behaupte hier, daß der Bedarf an Schuhen auch wesentlich schneller steigen würde, wenn sie grundsätzlich in unbegrenzter Zahl in den Geschäften kostenlos zu erhalten wären und ihre Produktion über Steuern und Abgaben finanziert würde. M. E. sollten wir uns auch schon den gedanklichen Umweg über die Schuhfabrikation zur Finanzierung des Medikamentenverbrauchs sparen und mehr als bisher unsere Anstrengungen darauf konzentrieren, marktwirtschaftliche Grundsätze auch im Sozialbereich einzuführen. Hier fehlt es uns an Selbstregelungskräften für Angebot und Nachfrage. Es fehlt uns an einer Effizienzkontrolle, die der kostengünstigeren Sozialmaßnahme automatisch den Vorrang gibt gegenüber ihrer schlechter organisierten Schwester. Solche Mechanismen auch für den Sozialbereich zu finden, ist die Aufgabe der Zukunft, und nicht nur etwa die globalen Vorgaben für die noch tragbaren Gesamtkosten des Sozialbereichs im Verhältnis zum Bruttosozialprodukt festzusetzen.

Der zweite Bereich ist der humanitäre Bereich. Der Ausbau des Netzes der sozialen Sicherheit war auf zwei Leistungsarten ausgerichtet: Auf die Errichtung möglichst optimal funktionierender Einrichtungen der sozialen Infrastruktur einerseits, auf ein dichtes Geflecht von finanziellen Zuwendungen andererseits. Bei der Konzentration der Sozialpolitik auf diese beiden Elemente ist übersehen worden, daß die persönliche Zuwendung bei der Massenhaftigkeit der finanziellen Leistungen und der leistungsfähigen Großeinrichtung weitgehend auf der Strecke blieb.

Auch dazu kurz ein paar persönliche Anmerkungen: Wir als Vertreter der Christlich Demokratischen Union haben es uns zur Aufgabe gemacht, soziale Leistungen als Hilfe zur Selbsthilfe anzubieten, d. h. für uns steht im Vordergrund eine Art der Leistung, die den Hilfsbedürftigen nicht zum passiven Konsumenten herabwürdigt, der sich einseitig im Abhängigkeitsverhältnis von Hilfegebenden erlebt, sondern der durch aktive Mitleistung bei der Hilfe auch die Verantwortung für sich behält und mitträgt. Dabei wäre es wünschenswert, aus den meist heute doch nicht vermeidbaren, einseitigen Abhängigkeitsverhältnissen des Hilfeempfängers gegenüber dem Hilfegebenden wieder gegenseitige Abhängigkeitsverhältnisse zu machen, bei denen beiden bewußt bleibt, daß die Rollenverteilung morgen auch umgekehrt sein könnte. Am besten ist dies m. E. in kleineren, überschaubaren Solidargemeinschaften, sei es in der Familie, in der Nachbarschaft, in der Gemeinde zu verwirklichen. Wir sollten daraufhin unser Angebot an sozialen

Leistungen überprüfen, ob es auf die Stärkung dieser überschaubaren Solidargemeinschaften gerichtet ist oder ob es nicht im Gegenteil durch eine immer größere Zentralisierung, Professionalisierung und Anonymität solchen Zielsetzungen geradezu widersprechend organisiert wird.

Und als letzter Punkt, der eng mit dem vorhergehenden zusammenhängt, das Thema der Sozialbürokratie. Wo die Sozialpolitik eigentlich dazu dienen soll, Abhängigkeiten abzubauen oder zu verhindern, sind neue, zum Teil gefährliche Abhängigkeiten entstanden. Zwar wird heute weitgehend sichergestellt, daß etwa der Verlust eines Arbeitseinkommens nicht automatisch gleichbedeutend mit Not und Elend sein muß. Dadurch gewinnt der einzelne Mensch natürlich an Unabhängigkeit, weil er nicht mehr gezwungen ist, alles für die Erhaltung seines Arbeitseinkommens in Kauf zu nehmen und damit anfällig für Druck zu sein. Aber an die Stelle der Abhängigkeit vom Arbeitgeber, vom Hauseigentümer, vom Landbesitzer wie in der Frühzeit der Industrialisierung vor dem Einsetzen moderner Sozialpolitik ist heute eine immer mehr zunehmende Abhängigkeit vom Staat, von der Sozialbürokratie getreten, von den „Betreuern", wie es *Schelsky* nennt. Wer Geld zuteilen kann, setzt auch die Bedingungen dafür fest. Und wer diese Bedingungen nicht erfüllt, muß um so größere Nachteile in Kauf nehmen, je größer die Bedeutung von Transfereinkommen wird.

Alle drei Punkte, die in der heutigen Grundsatzdiskussion und der Sozialpolitik eine wichtige Rolle spielen, haben gleichzeitig große Bedeutung auch für die Rolle der sozialen Dienste. Überzogen äußert sich das in der Hoffnung, alle Probleme des Sozialstaates könnten durch einen Ausbau der sozialen Dienste gelöst werden. Tiefergehend muß man zu der Erkenntnis kommen, daß die mit Bismarcks Sozialgesetzgebung eingeleitete „moderne Sozialpolitik" keinen Ersatz der sozialen Dienste durch Sozialeinkommen und moderne Infrastruktur zum Ziel haben kann, sondern daß die sozialen Dienste eine ganz wichtige, soziale Funktion haben, die vorübergehend nicht erkannt wurde, die aber vielleicht gerade deshalb um so schärfer wieder hervortritt.

Zusammenfassend läßt sich sagen, die heutigen Probleme des Sozialstaates sind vorgezeichnet, seit sich die Sozialpolitik vom Menschen zur Masse wandte.

Aus dieser Erkenntnis ergibt sich nicht nur ein höherer Stellenwert der sozialen Dienste im gesamten sozialen System, sondern auch ein wachsender Erwartungshorizont. Und daraus muß die Frage abgeleitet werden, können die sozialen Dienste in der heutigen Organisationsform und Ausprägung diesen Ansprüchen gerecht werden, die an sie gestellt werden? Diese Fragestellung wird Sie ja in diesem Seminar beschäftigen. Ich möchte nur ganz kurz dazu noch ein paar Punkte ansprechen:

1. Was sind soziale Dienste?

Ich habe bisher ganz bewußt die Inhalte dieses Begriffs offengelassen. Ich werde mich auch jetzt nicht an einer Definition versuchen, aber eine Diskrepanz fällt mir doch auf. Wenn von den sozialen Diensten als einer Organisationsform gesprochen wird, die imstande wäre, die Grenzen des Sozialstaats zu überwinden oder weiter hinauszuschieben, so meint diese Betrachtungsweise in einem umfassenden Sinne jede individuell nachgefragte und entsprechend personenbezogene soziale Dienstleistung. Dagegen habe ich den Eindruck, daß der Begriff „sozialer Dienst" im wissenschaftlichen Schrifttum überwiegend benutzt wird, um Aussagen zur Stellung und zum Aufgabenbereich von Sozialarbeitern und Sozialpädagogen zu machen. Das ist insofern sicher verständlich, als die Autoren in der Regel eben Sozialarbeiter oder Sozialpädagogen oder in der wissenschaftlichen Ausbildung für diese Berufe beschäftigt sind.

Ich möchte Ihnen aber ganz offen sagen, daß mir der Begriffsinhalt so zu eng ist. Ich sehe vier verschiedene Aufgabenkomplexe der sozialen Dienste und jeder von diesen hat seinen eigenen Wert und seine eigene Bedeutung:

— Das sind einmal die Beratungsdienste. Dieser Komplex ist der anspruchsvollste, wenn man von der notwendigen Ausbildung ausgeht. Hier sind überwiegend Psychologen und Pädagogen, Sozialarbeiter und Sozialpädagogen tätig. Um die Beratungsdienste geht es überwiegend in der wissenschaftlichen Diskussion um die sozialen Dienste.

— Zum anderen sind es die Pflegedienste. Dieser Aufgabenkomplex, für den hier in Rheinland-Pfalz mit den Sozialstationen vor genau fast 10 Jahren eine neue Organisationsform geschaffen wurde, wird in der Regel von pflegerischen Berufen betreut, die ebenso wie bei den Beratungsdiensten hauptamtliche Kräfte sind.

— Als weiteren Bereich möchte ich die überwiegend ehrenamtliche Nachbarschaftshilfe ansprechen. Sie tritt sowohl in organisierter wie auch in spontaner Form auf. Sie umfaßt Hilfeleistungen, für die keine spezielle Ausbildung erforderlich ist.

— Schließlich möchte ich den Bereich der sog. Selbsthilfeorganisationen ansprechen. Hier tut sich ein verhältnismäßig neuer Zweig der sozialen Dienste auf, der von den anonymen Alkoholikern über die Gruppen von Krebskranken bis zu Commit-Clubs für Behinderte reicht und der um so mehr an Bedeutung gewinnen wird, je ausgeprägter der Trend zur Individualisierung und in der Folge davon zur Isolierung in der Gesellschaft ist.

Ich glaube, daß erst im Zusammenwirken aller dieser Zweige das erreichbar scheint, was an Hoffnungen für die Zukunft des Sozialstaats mit dem Begriff soziale Dienste verbunden wird. Ich richte hier die Bitte an die Wissenschaft, mitzuarbeiten an einem integrierten, sich ergänzenden und aufeinander aufbauenden System. Die persönliche Hilfeleistung für den Menschen kann viele Erscheinungsformen haben, die allesamt wichtig sind.

2. Was versteht man unter Professionalisierung oder Laisierung sozialer Dienste?

So heißt ein kürzlich erschienener Aufsatz und diese Frage nach Beruf und Ehrenamt in den sozialen Diensten ist der zweite Punkt, den ich ansprechen möchte. Ich sehe das nicht als Alternative, sondern als eine Ergänzung. Es ist naiv, etwa im Hinblick auf die finanziellen Schwierigkeiten des Sozialstaates zu fordern, daß hauptberufliche Stellen zwecks Einsparung in Zukunft von ehrenamtlichen Helfern ausgefüllt werden sollten. Aus der oben genannten Vierteilung der sozialen Dienste ergibt sich, daß jeder Bereich ganz spezifische Aufgaben wahrzunehmen hat und sich aus dieser jeweiligen Aufgabenstellung auch die Frage nach den notwendigen Kenntnissen und Fähigkeiten beantwortet. Ehrenamtliche Helfer können keine ausgebildeten Sozialarbeiter oder Psychologen in einem Beratungsdienst ersetzen. Beruf und Ehrenamt sind nicht in Konkurrenz zueinander zu sehen, sondern in einer fruchtbaren Ergänzung.

3. Worin besteht die Ausbeutung ehrenamtlicher Helfer?

Aus dem vorher Gesagten ergibt sich bereits, daß ich eine Übertragung von Aufgaben von hauptamtlichen auf ehrenamtliche Kräfte nicht für zulässig halte. Dennoch hat es manchmal den Anschein, als wolle mancher Träger diesen Weg gehen und hauptsächlich die Entlastung seines Haushaltes sehen. Ich sehe darin nicht nur die mögliche Bedrohung von Arbeitsplätzen für ausgebildete Kräfte, sondern gleichzeitig auch eine Art Ausbeutung der ehrenamtlichen Helfer.

Ich glaube, wir sollten überhaupt zu modernen Formen der Ehrenamtlichkeit kommen. Die Gleichung Ehrenamt = Nulltarif erscheint mir allzu bequem. Ich bin der Auffassung, daß die Träger sozialer Dienste auch für ihre ehrenamtlichen Helfer eine gewisse Mindestausstattung zur Verfügung stellen müssen, zu der eine Aufwandsentschädigung und m. E. auch eine gewisse Sozialversicherung gehören sollte.

Ich sage dies auch im Hinblick darauf, daß es immer schwerer wird, ehrenamtliche Kräfte für soziale Dienste zu gewinnen. In der Vergangenheit waren es vor allem Frauen in der zweiten Lebensphase, die sich ehrenamtlich betätigten. Heute sind diese Frauen überwiegend wieder berufstätig und stehen unter der Doppelbelastung von Beruf und Familie. Ohne eine auch finanzielle Anerkennung der ehrenamtlichen Leistung wird es sehr ungewiß bleiben, inwieweit der große Bedarf an ehrenamtlicher Hilfeleistung gestillt werden kann.

Dies waren nur einige Aspekte im Zusammenhang mit der Problematik der sozialen Dienste, die ich als Politikerin hier ansprechen wollte, weil ich glaube, daß von seiten der Wissenschaft zu diesen konkreten Fragestellungen Beiträge geleistet werden können, — Beiträge, die wir als Politiker bitter nötig haben. Es ist keine Schwarzmalerei und kein Zweckpessimismus, wenn ich Ihnen sage, daß die Belastungen des sozialen Systems in den nächsten Jahren immer stärker werden und Anlaß besteht, sich um die Zukunft unserer Sozialordnung Sorgen zu machen. Ich erhoffe mir von diesem Seminar, aber auch darüber hinaus von Ihnen, die Sie sich mit Fragen der Sozialpolitik auseinandersetzen, wichtige Hilfestellungen bei der Lösung der sich abzeichnenden Probleme.

Aktuelle Probleme der Sozialpolitik

Von Detlef Merten

Das Sonderseminar „Sozialpolitik durch soziale Dienste" will sich dem Bereich der Sozialpolitik und des Sozialrechts nicht nur eindimensional, sondern mehrdimensional, nicht nur diszipliniert juristisch, sondern interdisziplinär nähern. Dahinter verbirgt sich die gewiß nicht neue Erkenntnis, daß hier der Mensch in seiner Individualität stärker als in anderen Bereichen des Besonderen Verwaltungsrechts im Vordergrund steht. So ist beispielsweise die Sozialhilfe als Hilfe zur Selbsthilfe[1] angelegt und muß daher trotz notwendiger Generalisierungen und Pauschalierungen individuelle und konkrete Umstände berücksichtigen. In der Arbeitslosenversicherung haben die Vermittlung in berufliche Ausbildungsstellen oder Arbeit und die Förderung der beruflichen Bildung Vorrang insbesondere vor Geldleistungen (§ 5 AFG). Diesem Grundsatz „Arbeitsvermittlung und Berufsfortbildung vor Arbeitslosengeld und Arbeitslosenhilfe" entspricht im Rentenversicherungsrecht das Postulat „Rehabilitation vor Rente", wodurch zugleich die Eigenverantwortung gestärkt und die Fremdversorgung zurückgedrängt, der Sozialstaat konkretisiert und der Versorgungsstaat negiert wird[2]. Im Krankenversicherungsrecht gilt der Primat der Wiederherstellung der Gesundheit, weshalb persönliche und sachliche Leistungen gemäß individueller Notwendigkeit dominieren und Geldleistungen nur sekundieren. Geht es für das Baurecht, das Gewerberecht oder das Polizeirecht weithin um die Legalität des Objekts, so wird das Sozialrecht in vielen Bereichen von der Opportunität für das Subjekt geprägt.

Allerdings sind auch der soziale Dienst und die soziale Betreuung auf das Rechtsstaatsprinzip verpflichtet und durch das Prinzip der Gesetzmäßigkeit der Verwaltung gebunden, so daß Gesetz und Recht nicht zur Disposition des Sozialarbeiters stehen. Aber die Sozialgesetze geben vielfach nur einen Rahmen, der gestaltend ausgefüllt werden muß, so daß gerade das Sozialrecht die simplifizierende Gleichsetzung des Rechtsstaats mit einem Staat bloßer Normenvollziehung widerlegt, weil die Sozialverwaltung in weiten Teilen nicht nur Subsumtionsverwal-

---

[1] Arg. §§ 1 Abs. 2, 7 BSHG.
[2] Vgl. in diesem Zusammenhang *Merten*, Vom Sozialstaat zum totalen Versorgungsstaat, Die Versicherungsrundschau 1980, 49 ff.

tung ist. Daher hat der Jurist zwar ein rechtsstaatliches Wächtermonopol, in vielen Fällen aber kein sozialstaatliches Lösungs- und Entscheidungsmonopol, sondern ist auf die Zusammenarbeit mit anderen Disziplinen angewiesen. Unter diesem Gesichtspunkt sollen im folgenden einige ausgewählte und aktuelle Probleme der Sozialpolitik behandelt werden, wobei Vollständigkeit in diesem Rahmen weder bezweckt ist noch erreicht werden kann.

I. Ein sehr grundsätzliches Problem stellt die Distanz des Bürgers zum Recht, seine Unkenntnis und damit Hilflosigkeit gerade auch im sozialrechtlichen Bereich dar. So hat nach Pressemeldungen kürzlich eine 87jährige Greisin, die beim Sozialamt wegen ihres Gesundheitszustandes Pflegegeld beantragte, erst bei dieser Gelegenheit erfahren, daß sie wegen ihrer früheren Berufstätigkeit seit über zwanzig Jahren hätte Altersruhegeld erhalten können. Die Diagnose für die Unübersichtlichkeit und Kompliziertheit des Sozialrechts fällt leicht. Ursache ist die geschichtliche Entwicklung des Sozialrechts, seine Regelung in Einzel- und oftmals in Maßnahmegesetzen, die fehlende Muße und die vernachlässigte Kunst zur Systematisierung oder gar Kodifizierung. Die Therapie erscheint schwieriger. Mit der voreiligen Forderung einer Allgemeinverständlichkeit und „Transparenz" der Sozialgesetze sowie einer Reduzierung gesetzlicher Regelungen und dem unbesonnenen Ruf nach einem Volksgesetzbuch oder einer Sozialfibel ist wenig gewonnen und viel verloren. Die Zeiten, in denen der Enkel dem Großvater die Rente berechnen konnte, sind endgültig vorbei und kehren nicht wieder. Die zunehmende Komplexität der Lebenssachverhalte und die notwendige Berücksichtigung der Individualgerechtigkeit erfordern ein Mindestmaß gesetzlicher Regelung. Eine Vereinfachung und Vereinheitlichung des Sozialrechts bringt die Gefahr von Einheitsleistungen mit sich. Es ist aber sozialpolitisch verfehlt und von einer gewissen Schwelle an auch verfassungsrechtlich bedenklich, wenn die sozialstaatliche Eingriffsverwaltung unter Berücksichtigung unterschiedlicher individueller Leistungsfähigkeit nach dem Satz „Jedem das Seine" handelt, während die sozialstaatliche Leistungsverwaltung unter Vernachlässigung differierender Vorleistungen der Bürger alle nach dem Motto „Jedem das Gleiche" versorgt[3]. Die wohlfahrtsstaatliche Tendenz zu fortschreitender Nivellierung und Egalisierung ist ohnehin unverkennbar und wohl durch die Überhöhung des Demokratischen bedingt.

Das richtige Rezept zur Erschließung des Sozialrechts kann nicht die Selbstberatung, sondern nur die Fremdberatung sein. Nur eine Aufklärung und Beratung des Bürgers[4], insbesondere dort, wo die Gesetze

---

[3] Vgl. hierzu *Merten*, S. 55 f.

ihm Dispositionsbefugnisse einräumen, kann das Sozialrecht effektiv machen. Hierfür reicht allerdings die gesetzliche Normierung[5] allein nicht aus; wichtiger ist es, daß die Auskunfts- und Beratungsstellen mit hinreichend geschultem und kundigem Personal besetzt sind, was nicht immer der Fall ist. So hat seinerzeit die Sozialenquête-Kommission Mängel bei den Versicherungsämtern festgestellt[6]. Da dem Bürger die Unrichtigkeit der Beratung oder Auskunft in vielen Fällen verborgen bleibt, ist ihm mit Amtshaftungsansprüchen und selbst mit Herstellungsansprüchen, die das Bundessozialgericht in dogmatisch bedenklicher Weise bejaht[7], nicht immer gedient.

Die Nähe zum Bürger und die Möglichkeit besserer Beratung sprechen im übrigen dafür, es im Bereich der Sozialversicherung bei dem gegliederten System zu belassen und große, unüberschaubare Einheitsversicherungsanstalten abzulehnen. Hier kann man auf Erfahrungen zurückgreifen, die man seinerzeit in Berlin mit der Einheitsversicherung gemacht hat, und Erkenntnisse berücksichtigen, die bei der Zentralisation im Gefolge von Gebietsreformen und kommunaler Neugliederung gewonnen wurden. Die Verwaltungsvereinfachung durch Schaffung größerer Einheiten hat auf seiten des Bürgers zu größerer Distanz in räumlicher, sachlicher und persönlicher Hinsicht geführt.

II. Neben das Erfordernis der Beratung tritt die Notwendigkeit der Akzeptanz durch die Betroffenen. Zwar müssen Rechtssätze ohne Rücksicht darauf durchgesetzt werden, ob sie dem einzelnen konvenieren, auch wenn der Gesetzgeber in einer parlamentarischen Demokratie auf Dauer nicht am Rechtsbewußtsein der Bevölkerung vorbeilegeferieren kann. Dem Rechtsgehorsam dient die Sanktion, die charakteristisches, wenn auch nicht notwendiges Element eines Rechtssatzes ist. Staatliche Sanktionen taugen jedoch nur für Eingriffsgesetze, nicht aber für Leistungs- und/oder Freiheitsgesetze. Denn ein Zwang zur Freiheit und zum Leistungsempfang widerspricht einem freiheitlichen Sozialstaat und entspricht allenfalls freiheitsfeindlichen Versorgungsstaaten. Sozialleistungen werden nun von vielen nur akzeptiert, wenn deren Entgegennahme nicht diskriminiert. Psychologische Faktoren, deren Auswirkungen in den Wirtschaftswissenschaften anerkannt sind und hier vor allem in der Konjunkturtheorie berücksichtigt werden[8], sind

---

[4] Hierzu *Merten*, Auskunftsanspruch und Auskunftsbescheid im Sozialrecht, VSSR 1973, 66 ff.

[5] Vgl. §§ 13 ff. SGB AT.

[6] Soziale Sicherheit in der Bundesrepublik Deutschland. Bericht der Sozialenquête-Kommission, 1966, S. 113 Rdnr. 304.

[7] Vgl. *BSGE 49*, 76 (77 ff.); hierzu auch *Merten*, VSSR 1973, 76.

[8] Vgl. insbes. *Walter Adolf Jöhr*, Die Konjunkturschwankungen, 1952, S. 372 ff., S. 588 ff.; auch *Dieter Dahl*, Konjunktur und Wachstum, 1970, S. 18.

für den Bereich des Sozialrechts noch nicht hinreichend erforscht. Gerade hier sind sie jedoch von Bedeutung, da Sozialleistungen das Selbstwertgefühl des Menschen berühren und Armut vielfach als Schande empfunden wird — möglicherweise nicht zuletzt als Nachwirkung calvinistischer Lehren, die wirtschaftlichen Erfolg als sichtbaren Ausdruck göttlicher Prädestination werten. Psychologische Barrieren können durch Sprachmanipulation und Wortkosmetik allein nicht überwunden werden. Deshalb hat auch die Ersetzung der „Armenpflege" durch die „Fürsorge" und die spätere Einführung des Begriffs „Sozialhilfe" nicht die gewünschte Wirkung gehabt, wobei im übrigen „Fürsorge" wesentlich stärker die staatliche Pflicht zur Unterstützung Bedürftiger verdeutlicht und ein Gefühl der Geborgenheit vermittelt, als dies der farblose Begriff der Sozialhilfe tun kann.

Das Kurieren an äußerlichen Symptomen muß insbesondere dann erfolglos bleiben, wenn sich der Gesetzgeber in Wertungswidersprüche verwickelt, die den Betroffenen nicht verborgen bleiben: so wird einerseits der Almosencharakter der Sozialhilfe zu Recht geleugnet und darauf verwiesen, daß sie keine Ermessens-, sondern eine Pflichtleistung ist[9]. Andererseits wird in der Rentendiskussion die Aufstockung von Kleinrenten auch ohne entsprechende Vorleistungen der Rentenbezieher mit der Begründung gefordert, daß diese andernfalls auf Sozialhilfe angewiesen seien, wobei das System der beitragsadäquaten Rente geflissentlich verkannt und verschwiegen wird, daß die Kleinrente z. B. bei Selbständigen nicht die einzige Form der Alterssicherung zu sein braucht oder daß mehrere Renten zusammentreffen können. Einerseits werden Selbständige, die infolge von Krieg, Inflation oder Vertreibung nicht hinreichend vorsorgen konnten und im Alter hilfsbedürftig werden, ganz selbstverständlich der Sozialhilfe überlassen. Andererseits fordert man für abhängig Beschäftigte eine ihren Beiträgen nicht entsprechende Rente nach Mindesteinkommen oder gar eine Mindestrente, damit sie nicht Sozialhilfeempfänger werden. Die Wertungsgegensätze verschärfen sich vollends, wenn durch das Strafvollzugsgesetz und die entsprechenden Änderungen des Sozialversicherungsrechts Strafgefangene in den Schutz der Sozialversicherung einbezogen werden[10]. Hier wird nicht nur in systemwidriger Weise der Grundsatz durchbrochen, daß nur die freiwillig erbrachte nichtselbständige Arbeit Beschäftigung im sozialversicherngsrechtlichen Sinn ist[11]. Unübersehbar sind vielmehr die psychologischen Rückwirkungen auf die Einstellung der Bevölkerung zur Sozialhilfe, wenn offenbar

---

[9] Vgl. *Merten*, Art. Sozialhilfe, Ev. Staatslexikon, 2. Aufl. 1975, Sp. 2362 ff.
[10] Vgl. §§ 190 - 195, 198 StVollzG; vgl. in diesem Zusammenhang auch den Entwurf eines Ersten Gesetzes zur Fortentwicklung des Strafvollzuges, BR-Drucks. 637/80.
[11] *Merten*, in: Gemeinschaftskommentar-SGB IV § 7 Rz. 22 f. m. Nachw.

wird, daß man vom Gesetzesbrecher fernhält, was man dem Gesetzestreuen zumutet.

Eine Erhöhung der Hemmungsschwelle gegenüber der Sozialhilfe durch verfehlte, weil systemwidrige staatliche Reformmaßnahmen ist deshalb bedauerlich, weil auch aus ökonomischen Gründen die Geringschätzung der Sozialhilfe unangebracht ist. *Molitor*[12] weist darauf hin, daß bei einem Vergleich der Sozialleistungssysteme die Geldeinheit, die bei der Sozialhilfe eingesetzt wird, wirtschaftlich den relativ höchsten Nutzen stiftet. Denn die Sozialhilfe wird nicht generell und undifferenziert, sondern individuell und differenziert gewährt, sie ist individuelle Hilfe zur Selbsthilfe im bürgernahen Gemeindebereich und nicht kollektive Wohlfahrtsleistung im bürgerfernen Versorgungsbereich. Gerade wegen ihrer individuell-konkreten Fürsorgefunktion ist die Sozialhilfeverwaltung mit besonders geschultem Personal zu besetzen, muß dieser soziale Dienst überdurchschnittlich qualifiziert sein.

III. Widersprüchlichkeit und Systemwidrigkeit kennzeichnen auch einen weiteren Reformschritt: den Schwangerschaftsabbruch als Sozialversicherungsleistung. Wenn der freiheitliche Rechtsstaat den Schutz des Lebens — auch des werdenden Lebens — garantiert und hierfür sogar eine zusätzliche Sicherung durch Strafsanktionen postuliert[13] und wenn zu den selbstverständlichen Ausprägungen des Sozialstaatsprinzips die Fürsorge für Hilfsbedürftige gehört[14], dann stellt die hohe Zahl von Abtreibungen aus Gründen sogenannter sozialer Indikation[15] eine Bankrotterklärung des freiheitlichen und sozialen Rechtsstaats dar. Daher wiegt der auch von kirchlicher Seite erhobene Einwand schwer, es dürfe in einem so wohlhabenden Staat wie der Bundesrepublik Deutschland keine Abtreibungen aus finanziellen Gründen geben. Daß der Sozialgesetzgeber mit seinem vielgerühmten sozialen Netz, das er an einigen Stellen unnötig dicht geknüpft und unüberschaubar verknotet hat, wirtschaftliche Probleme aufgrund von Schwangerschaften nicht auffangen könnte, ist kaum vorstellbar. Aber die hohe Zahl „sozial indizierter" Abtreibungen und ihr überproportionaler Anteil an den Schwangerschaftsabbrüchen insgesamt spricht gegen echte soziale Not. Die Rechtswirklichkeit läuft vielmehr eher auf eine stillschwei-

---

[12] VSSR 1977, 77 f.
[13] *BVerfGE 39*, 1 (36, 47).
[14] Vgl. *BVerfGE 40*, 121 (133); *43*, 13 (19).
[15] Im Jahre 1978 wurde in 73 548, im Jahre 1979 in 82 788 bekannt gewordenen Fällen ein Schwangerschaftsabbruch vorgenommen. Dabei erfolgte der Eingriff in 67 % (1978) bzw. 70,6 % (1979) der Abtötungen aus Gründen einer „sonstigen schweren Notlage" (sog. soziale Indikation). Quelle: Statistisches Jahrbuch 1980 für die Bundesrepublik Deutschland, 1980, S. 364.

gende Durchführung des vom *Bundesverfassungsgerichts*[16] für verfassungswidrig erklärten „Fristenmodells" als auf die Anerkennung der grundsätzlichen Rechtswidrigkeit und Strafwürdigkeit der Abtreibung hinaus, die nur in eng begrenzten Fällen, zu denen auch eine echte, mit den Mitteln des Sozialstaats nicht behebbare Notlage gehören mag, Ausnahmen zuläßt. Nicht minder wichtig als Überlegungen zur Gesetzesreform sind daher Hinweise an die mit der Beratung der Schwangeren beauftragten Stellen, ihre Aufgaben ernst zu nehmen und sich nicht nur als notwendiges Übel vor dem erstrebten Erfolg zu verstehen.

Dennoch hat allein schon die Rechtslage psychologische Rückwirkungen, die nicht vernachlässigt werden dürfen. Gewiß bedeutet die Straflosigkeit eines Tuns noch nicht dessen moralische, sittliche oder religiöse Billigung. Wenn aber, wie im Falle der Abtreibung, eine seit unvordenklichen Zeiten bestehende Strafsanktion teilweise aufgehoben wird, sind verallgemeinernde Schlüsse unvermeidlich. Das natürliche Unwertgefühl wird weiter zurückgedrängt, wenn der Staat nicht nur negativ eine Strafdrohung beseitigt, sondern positiv den Schwangerschaftsabbruch als Regelleistung der gesetzlichen Krankenversicherung offeriert. Insoweit ist diese Leistung nicht nur systemwidrig, weil es sich bei der Schwangerschaft nicht um eine regelwidrige Störung des körperlichen Zustandes handelt[17]. Schwangerschaftssymptome sind nicht Zeichen der Krankheit, sondern der Gesundheit. Die Gleichstellung der Schwangerschaft mit Krankheit kann auch die unbewußte Einstellung hervorrufen, daß die Schwangerschaft etwas Ungesundes sei, das es zu beseitigen und zu heilen gilt.

Sozialpolitische Widersprüche ergeben sich schließlich im Hinblick auf eine ungünstige Bevölkerungsentwicklung — in einer gespreizten Wissenschaftssprache unrichtig als „demographische" Entwicklung bezeichnet — und auf eine Kostenexplosion im Gesundheitswesen. Die Kosten für Schwangerschaftsabbrüche sind nicht unbeträchtlich, zumal der Bund sich an den Aufwendungen nur vorübergehend beteiligt[18] und somit im Ergebnis nur eine Anlauf- und Gewöhnungsphase ermöglicht hat.

IV. Die Finanzierungsprobleme sind freilich nur Indikator einer unsicheren und unsoliden Sozialpolitik. Da der Gesetzgeber in der Gefälligkeitsdemokratie die Gunst maßgeblicher Wählerschichten durch immer neue Sozialleistungen zu gewinnen sucht, bildet sich eine Beitrags-

---

[16] *E* 39, 1.
[17] Vgl. statt aller *Krauskopf,* Soziale Krankenversicherung § 182 RVO, Anm. 2.1.
[18] Vgl. hierzu § 4 StREG v. 28. 8. 1975 (BGBl. I S. 2289).

Leistungs-Spirale heraus. Dabei werden wiederum die psychologischen Rückwirkungen übersehen, die fortwährende Änderungen, Korrekturen und Retuschen der Sozialgesetze haben müssen. Insbesondere der Rentenversicherte muß auf den Fortbestand des Rechts — nicht im Detail, aber im Grundsatz — vertrauen können. Er bedarf der Gewißheit, daß er für die geleisteten Beiträge im Alter eine entsprechende Rente erhält und daß Fundamentalprinzipien der Rentenversicherung, wie Rentenanpassung oder beitragsadäquate Rente, unangetastet bleiben, zumal viele Versicherte wegen der Vermögensverluste infolge von Inflationen, Währungsreformen oder Vertreibung keine zusätzliche Alterssicherung aufbauen konnten. Gerade die Kontinuität im Sozialleistungsbereich ist nun in den letzten Jahren nachhaltig erschüttert worden, was einige eklatante Beispiele demonstrieren.

So wurde 1967 wegen der schlechten Finanzlage der Sozialversicherung eine Beitragspflicht der Rentner zur Krankenversicherung in Höhe von 2 vom Hundert der Rente eingeführt[19] und 1970 nach Besserung der Finanzsituation durch ein „Widerrufsgesetz"[20] wieder aufgehoben[21]. Gleichzeitig beschloß der Gesetzgeber aber auch eine — allerdings pauschalierte — Rückerstattung der in der Vergangenheit einbehaltenen Beiträge[22], womit ein nach Auffassung des damaligen Bundessozialministers *Arendt* an den Rentnern begangenes „Unrecht" wiedergutgemacht werden sollte[23]. Da wegen der finanziellen Probleme der Rentenversicherung deren Beiträge zur Krankenversicherung der Rentner gekürzt wurden, ist man nunmehr dabei, das damalige „Unrecht" — nämlich einen Krankenversicherungsbeitrag der Rentner — erneut einzuführen, wobei die frühere Belastung von 2 vom Hundert der Rente weit überschritten werden dürfte.

Das Zickzack der Sozialgesetzgebung findet sich auch bei der freiwilligen Rentenversicherung. War diese Möglichkeit durch die Rentenreform von 1957 beschnitten worden, so brachte das Rentenreformgesetz von 1972 wiederum eine breite Öffnung für die freiwillige Versicherung, wennn auch ein Recht auf Zugang zur Sozialversicherung für jedermann, wie es § 4 Abs. 1 SGB AT zu verheißen scheint, in dieser Allgemeinheit nicht eingeführt wurde[24]. Zur Bekämpfung des finanziel-

---

[19] Art. 3 § 5 FinÄndG v. 21. 12. 1967 (BGBl. I S. 1259).
[20] Hierzu *Merten*, VSSR 1974, 336 f.
[21] Gesetz über den Wegfall des von Rentnern für ihre Krankenversicherung zu tragenden Beitrags v. 14. 4. 1970 (BGBl. I S. 337).
[22] Gesetz über die Rückzahlung der einbehaltenen Beiträge zur Krankenversicherung der Rentner (Beiträge-Rückzahlungsgesetz) v. 15. 3. 1972 (BGBl. I S. 433).
[23] Vgl. 160. Sitzung des 6. Deutschen Bundestags v. 16. 12. 1971 (Sten.Ber. S. 9234 [B]).
[24] Vgl. *Merten*, Bl.StSozArbR 1975, 358 sub III.

len Debakels und zur Stärkung des Beitragsaufkommens wird nunmehr die Freiwilligkeit nachträglich — allerdings im Wege sogenannter unechter Rückwirkung — wiederum beschränkt und ab Januar 1979 eine Beitragszahlung in einer bestimmten Mindesthöhe und Stetigkeit verlangt[25].

Zeigt der Gesetzgeber ohnehin — z. B. mit seinen Regelungen über den Versorgungsausgleich —, daß es mit dem Beruf unserer Zeit zur Gesetzgebung nicht mehr weit her ist, so führen die fortwährenden Novellierungen der Sozialgesetze ohne klares Konzept zur Unübersichtlichkeit des Sozialrechts und zur Verunsicherung der Bürger. Die immer drückenderen Beitrags- und Steuerlasten werden zunehmend nicht mehr sachbezogen und systemgerecht, sondern im Hinblick auf das ausschlaggebende Wählerpotential schichten- oder klassenspezifisch verteilt. So werden um der zerrütteten Staatsfinanzen willen allenthalben Steuervergünstigungen zur Diskussion gestellt, ohne daß jedoch z. B. die Steuerfreiheit der Zuschläge für Sonntags-, Feiertags- und Nachtarbeit oder die steuerliche Privilegierung von Arbeitnehmerabfindungen in Frage stehen. Durch die Aufhebung einer sowohl für das Sozialversicherungsrecht als auch für das Steuerrecht einheitlichen Bemessungsgrundlage ist es weiterhin möglich geworden, Bestandteile des Arbeitsentgelts (z. B. Weihnachtsgeld) steuerfrei zu lassen und sie dennoch ganz oder teilweise bei der späteren Rentenberechnung zu berücksichtigen[26].

Die Mängel der heutigen Sozialpolitik sind nur zu heilen, wenn der Sozialgesetzgeber seine Hektik aufgibt und zur Stetigkeit zurückfindet, das Vertrauen des Bürgers nicht länger erschüttert, sondern stärkt, wenn er die finanziellen Auswirkungen der Sozialgesetze auf Dauer berechnet und sie dafür im Grundsatz garantiert, wenn er die Qualität der Sozialleistungen und nicht deren Quantität stärkt, kurz: wenn statt der sozialen Gefälligkeit die soziale Verantwortung und der soziale Dienst stärker in den Vordergrund treten.

---

[25] Vgl. §§ 32 b AVG, 1255 b RVO i. V. m. Art. 2 § 12 a AnVNG und Art. 2 § 12 a ArVNG.
[26] Vgl. §§ 14, 17 SGB IV sowie *Merten*, in: GK-SGB IV (FN 11) § 14 Rz. 9.

Sozialpolitik und Sozialpädagogik

Von Hans Pfaffenberger

Die Und-Verbindung zweier Termini im Thema legt eine vergleichende Untersuchung von Gemeinsamkeiten und Unterschieden nahe: Gemeinsamkeiten und Unterschiede dieser beiden Termini und auch der mit ihnen bezeichneten Gegenstände oder Sachverhalte. Dabei sind einige geläufige und weitverbreitete Selbstverständlichkeiten in bezug auf diese beiden Begriffe und auf ihr Verhältnis zueinander zu hinterfragen. Ich kann davon ausgehen, daß die beiden Bereiche schon personell weit getrennt sind, was auch dazu führt, daß in beiden Bereichen unterschiedliche Sprachspiele gespielt werden, d. h. daß die sprachliche Verständigung untereinander häufig sehr schwierig ist. Ich versuche gerade mit dieser Herausarbeitung von Gemeinsamkeiten und Unterschieden einiges zur Überwindung der Kluft zwischen den unterschiedlichen Sprachspielen und Sprachstilen zu leisten.

I. Da *beide* Termini — und damit haben wir schon die erste Übereinstimmung — im allgemeinen und im fachlichen Sprachgebrauch sowohl eine Praxis als auch eine Wissenschaft bezeichnen, handelt es sich um eine Vier-Felder-Matrix, die zu behandeln ist: Sozialpolitik, Sozialpädagogik, eine Ebene der Praxis und eine Ebene der Wissenschaft (siehe Abbildung). Daß der gleiche Terminus Praxis und Wissenschaft bezeichnet, ist nicht so häufig und zeichnet gerade diese beiden Termini aus. Auf diese Zweiebenenstruktur beider und ihre wissenschaftstheoretische und wissenschaftssystematische Bedeutung komme ich weiter unten nochmals ausführlicher zurück.

Beide, Sozialpolitik und Sozialpädagogik — und damit sind wir bei der zweiten Gemeinsamkeit —, sind zu verstehen als gesellschaftliche Reaktionen auf dieselben Veränderungen von gesellschaftlichen und wirtschaftlichen Strukturen und Prozessen, die mit den folgenden Stichworten einigermaßen zutreffend umrissen sind: Einmal Industrialisierung, Urbanisierung, kapitalistische Produktionsverhältnisse, zum andern die mit diesem Wandel der Produktivkräfte und Produktionsverhältnisse verbundene Ablösung und Auflösung traditioneller Formen und traditioneller Normen menschlichen Zusammenlebens und zum dritten die daraus entstandenen bzw. damit verbundenen sozialen und gesellschaftlichen Probleme. Ich gehe von der These aus, daß den

Sozialpolitik - Sozialpädagogik: Vier-Felder-Matrix

	Sozialpolitik	Sozialpädagogik
Wissenschaft	A	C
Praxis	B	D

beiden Bereichen auch gemeinsam ist: der Ort und der Zeitpunkt der Entstehung im historischen Wandel. Beide sind, jedenfalls in ihrem modernen Verständnis und in ihrer heutigen modernen Form, charakteristisch für moderne, kapitalistische Industriegesellschaften (wobei hier „modern" als soziologischer Fachbegriff im Sinne von „Modernisierungsprozessen" stehen soll, nicht wie im allgemeinen Sprachgebrauch verwendet).

Ich definiere also Sozialpolitik und Sozialpädagogik als Gesamtheit der auf die „Lösung" dieser Probleme gerichteten gesellschaftlichen und staatlichen Maßnahmen und Veranstaltungen (auch „Interventionen" genannt). Danach sind beide Sektoren gesellschaftlicher Praxis und staatlicher Intervention (und dadurch am einfachsten und auf kürzester Formel gekennzeichnet), wobei diese vorläufige Definition einer inhaltlichen Vorverständigung dienen soll und nicht etwa schon einer genauen internen oder externen Abgrenzung.

Gemeinsam ist Sozialpolitik und Sozialpädagogik demnach — nochmals zusammengefaßt —:

1. Die terminologische Duplizität von zwei Ebenen: Praxis und Wissenschaft werden mit dem gleichen Begriff bezeichnet;
2. die historisch-genetischen Herkunfts- und Entstehungsprozesse, das „Reaktionsein auf etwas": der gleiche gesellschaftliche Wandel, die gleichen historischen Ansatzpunkte;
3. die sektorale Struktur als Teil gesellschaftlicher bzw. staatlicher Praxis;

4. Ziele und Funktionen: Ausgleich der durch moderne sozioökonomische Entwicklungen entstandenen Schäden und Nöte;
5. ein Substitutionsprozeß der Ersetzung ursprünglich informeller Formen der Versorgung und des intertemporalen und interpersonalen Ausgleiches durch institutionelle Formen;

wobei diese gemeinsamen Merkmale eigentlich auch die entscheidenden konstitutiven Merkmale jedes einzelnen für sich sind. Zum Beispiel bin ich der Meinung, daß das letztgenannte Merkmal „Übergang von informellen zu institutionellen Formen der Versorgung und der Umverteilung" sowohl Sozialpolitik wie Sozialpädagogik charakterisiert, ihre ganze Geschichte durchzieht und auch heute und weiterhin die weitere Entwicklung voraussichtlich prägen wird.

Schwieriger ist wohl die Frage nach der gegenseitigen Abgrenzung oder Unterscheidung:

Am einfachsten und klarsten wäre es zu sagen, daß es sich dabei um die Unterscheidung von politischen versus pädagogischen Maßnahmen, Veranstaltungen oder Interventionen handelt, wenn das nicht

1. nur eine tautologische Explikation wäre und wenn nicht
2. beide Begriffe so kontrovers definiert und diskutiert würden, daß sie schon deshalb zur Abgrenzung unverwendbar sind (wobei hier pädagogisch im heutigen modernen Verständnis als agogisch, als sozialisatorisch allgemein, d. h. nicht altersbezogen verwendet wird).

II. Eine international weitgehend übereinstimmende Unterscheidung ist die zwischen social security und social services. Wir sollten sie etwas näher unter die Lupe nehmen, inwieweit sie für unseren Zweck der Unterscheidung beider Gebiete tauglich erscheint. Bei social security handelt es sich um distributive bzw. redistributive Einkommensumverteilung, monetäre Leistungen, bei den social services handelt es sich um soziale Dienstleistungen, das sind personbezogene und personal erbrachte Leistungen. Man könnte auch sagen: im einen Fall geht es um materielle Daseinsvorsorge, im andern Fall um (Re-)Sozialisation und (Re-)Qualifikation. Dann würde das wohl stehen können in dieser unterscheidenden Zweiteilung für das soziale Sicherungssystem („Sozialpolitik im engeren Sinne") auf der einen Seite und Sozialpädagogik/Sozialarbeit auf der anderen Seite.

Dabei allerdings fallen institutionelle und funktionelle Zuordnung nicht immer zusammen, d. h. sie sind nicht identisch, nicht deckungsgleich: soziale Dienste gibt es auch innerhalb des sozialen Sicherungssystems, das heißt, daß die funktionelle Kennzeichnung „soziale Dienste" institutionell auch innerhalb des andern Systems vorkommt. Beispiel: Der Sozialarbeiter bei der Krankenkasse. Oder: „Persönliche Hilfe" im BSHG. Das BSHG wird ja allgemein dem sozialen Sicherungssystem zugerechnet nach der traditionellen Dreiteilung, und hier ist institutionell die Zuordnung klar zur einen Seite, funktionell (wenigstens des Teils „persönliche Hilfe" innerhalb des BSHG) ebenso klar zur anderen Seite. Es gibt hier also Kreuz- und Querverbindungen, weil institutionelle und funktionelle Zuordnung nicht immer zusammenfallen (vgl. Kaufmann 1973).

Ich darf noch kurz auf die eben genannte traditionelle Dreiteilung eingehen: Versicherung, Versorgung, Fürsorge, die bei uns allgemein üblich, traditionell ist. Die Frage ist, ob sie auch sinnvoll ist? Das Prinzip, das die drei unterscheidet und zusammen das System (ich würde beinahe lieber sagen: das Agglomerat) sozialer Sicherung ausmacht, nach dem die drei ursprünglich einmal unterschieden wurden, ist längst durchbrochen. Die Dreiteilung läßt sich nicht mehr systematisch zwingend begründen und ist eben auch nicht mehr begründbar. Für die andere Seite, die Sozialpädagogik/Sozialarbeit, die sozialen Dienste, ist sie ohnehin weitgehend ohne Bedeutung: Mit dem Zunehmen des Finalgegenüber dem Kausalprinzip im System sozialer Sicherung ist zugleich eine zunehmende Annäherung an Sozialpädagogik/Sozialarbeit verbunden, bei der dieses Dreiteilungsprinzip ohnehin nie bestanden hat.

Bestimmt man beide, Sozialpolitik und Sozialpädagogik/Sozialarbeit, vom Gebrauchswert für die *Adressaten* (oder Empfänger oder Konsumenten) her als Hilfe, so bietet sich auch folgende weitere Unterscheidung an: Generalisierende Leistungen bei einfachen, typischen Notlagen — invidividualisierende Leistungen bei komplexen Notlagen, oder auch: materielle Hilfen — immaterielle Hilfen, wobei vielleicht schon von der Natur der Sache her die materiellen Hilfen eben die generalisierenden Leistungen bei einfachen, typischen Notlagen sind und die immateriellen Hilfen die individualisierenden bei komplexen Notlagen. Das würde heißen: auf der einen Seite Einkommenssicherung durch sekundäre Umverteilung, ein klares Prinzip materieller Hilfe; auf der anderen Seite die Verfügbarkeit sozialer Dienstleistungen wie Beratung, Prävention, Rehabilitation, Arbeitsförderung, Weiterbildung, Erziehung und Bildung, Behandlung usw. (wir könnten noch eine ganze Reihe von Begriffen aufzählen, die alle unter dem zusammenfassenden Begriff immaterielle Hilfen hier die andere Seite darstellen könnten). Dann läßt sich auch feststellen, daß die Probleme, um die es geht, auf der einen Seite administrativ lösbar sind, während die Probleme der anderen Seite („sozialpädagogisch/soziale Arbeit") genau dadurch gekennzeichnet sind, daß sie rein administrativ nicht lösbar sind.

Eine andere Unterscheidung ist nur auf den ersten Blick identisch mit dieser, nämlich die nach gruppenspezifischer Lebenslage und Individuallage. Gruppenspezifische Lebenslagen sind zwar weithin politisch lösbar, besonders natürlich, wenn sie materieller, wirtschaftlicher und physischer Natur sind, z. B. durch sozialstaatliche Intervention, aber auch durch Aushandlungs- und Durchsetzungsstrategien im Arbeitskampf, der insoweit ja auch der Sozialpolitik zuzurechnen ist, aber auch durch Aktivierung und Mobilisierung zur Selbsthilfe bei Lebenslagedisparitäten. Schon die letztgenannten Strategien können sowohl politischer wie sozialpädagogischer Art und Zurechnung sein. Aktivierung und Mobilisierung der Betroffenen zur Selbsthilfe bei Lebenslage-Disparitäten ist sicher ein politischer Akt und ist trotzdem gleichzeitig sozialpädagogisches Handeln. Hier verfließen die Grenzen, wie z. B. der Unterschied zwischen sozialer Gemeinwesenarbeit und Randgruppenstrategie kaum streng und eindeutig gezogen werden kann, wobei ich das eine mehr zu den sozialpädagogischen und das andere zu den politischen Aktivitäten zählen würde.

Eine sozialpädagogische Interventionen auslösende Individuallage, also das Gegenstück zur genannten gruppenspezifischen Lebenslage, ist durch individuelle Aneignung und Internalisierung, durch biographische und sozialisatorische Faktoren determiniert und deshalb durch sozialpädagogische Interventionen, d. h. durch Interventionen, die auf Sozialisation, auf Resozialisierung, auf Rehabilitation, evtl. auch auf (Re-)Qualifikation zielen, anzugehen. Aber zugleich sind diese sozialpädagogischen Hilfemöglichkeiten in der Verfügbarkeit und Zugänglichkeit wiederum weitgehend durch (sozial-)politische Entscheidungen determiniert. Umgekehrt werden die politischen Funktionen und Wirkungen sozialpädagogischer Interventionen um so deutlicher, je genauer man diese sozialpädagogischen Interventionen untersucht. D. h. mit anderen Worten, daß diese beiden höchstens analytisch näherungsweise unterscheidbar, im Praxis-, im Funktions- und im Wirkungszusammenhang aber untrennbar miteinander verflochten sind. Ich würde hier die These wagen, daß politische, besonders sozialpolitische, und sozialpädagogische Interventionen strikt überhaupt nicht zu trennen sind wegen dieser engen Verflechtung von Praxis-, Funktions- und Wirkungszusammenhang. Sie können nur schwerpunktmäßig analytisch nach einer der genannten Unterscheidungen definiert werden.

Ebenso sind bei näherem Zusehen materielle, monetäre und immaterielle, nicht-monetäre Hilfen meist untrennbar verknüpft. Sie kommen sozusagen immer in „Gemengelage" vor, nie für sich. So z. B. im Gesundheitswesen: das Krankengeld als Ausgleich des Lohnausfalls — die medizinische Dienstleistung — die soziale Dienstleistung durch den Sozialarbeiter und Rehabilitationsberater der Krankenkasse usw. Selbst bei der Schule läßt sich das nachweisen (die übrigens, was häufig übersehen wird, weil sie ja heute der Bildungspolitik zugerechnet wird, immerhin ihrer Entstehung nach offensichtlich eine sozialpolitische Maßnahme war): die Schule, von der man annimmt, daß sie überhaupt nur immaterielle Hilfen, nämlich Erziehung und Bildung, Sozialisation und Qualifikation leistet, kann das auch nicht in dieser isolierten Art tun, sondern eben in der genannten engen unlösbaren Verknüpfung. So ist das kostenlose Angebot der Schule für alle Kinder ein Fall sekundärer Umverteilung, also insofern eine sozialpolitische Maßnahme, als die Kosten auf anderem Wege und von anderen Bevölkerungskreisen aufgebracht werden, als denjenigen, denen sie zugute kommt. Das ist ja das Prinzip (aber nicht immer die reale Wirkung) der sekundären Umverteilung. Darüber hinaus ist an die räumlichen und sächlichen Kosten zu denken, die Schule erst ermöglichen, d. h. also, daß auch hier materielle Hilfen Voraussetzung sind, damit immaterielle Hilfen überhaupt wirksam werden können. Wir brauchen nur an das Beispiel der Lehr- und Lernmittelfreiheit oder etwa den Schultransport zu denken, um zu sehen, daß sekundäre Umverteilungsleistungen, materielle Hilfen hier überall durchgängig mitverflochten sind und meistens Voraussetzung für das Wirksamwerden immaterieller Leistungen überhaupt sind.

Das noch einmal herangezogene klassische Beispiel ist die Sozialhilfe (in unserem Dreiteilungsschema noch „Fürsorge" genannt): die Sozialhilfe ist einmal Ausfallbürge für Einkommensausfall im Gesamtsystem bzw. im Gesamtagglomerat sozialer Sicherung, und sie schreibt gleichzeitig im BSHG „persönliche Hilfe" (was immer das sein mag) und Beratung vor, also immaterielle Hilfen. Selbst hier, im klassischen Beispiel materieller Hilfe, ist die immaterielle nicht aus dem Gesamtkontext zu lösen.

Interessant wäre es, aber mangels ausstehender wissenschaftlicher Untersuchungen außerordentlich schwierig, einmal die direkt und indirekt sozialisierenden Wirkungen materieller Hilfen aufzuweisen. Es ist ganz klar, daß es die gibt und in außerordentlich großem Umfang gibt. Sie werden z. B. beim Aufbau und bei der Entwicklung eines Systems sozialer Sicherung oft als erster Faktor genannt, nämlich z. B. das Gefühl der Sicherheit gegenüber Unsicherheit, Angst, Existenzängsten usw. zu schaffen. Andere Funktionen qua Sozialisationswirkungen sind die durch das System sozialer Sicherheit zu erreichende Massenloyalität, die Legitimationsfunktion des Sozialstaates, aber auch, ich sage das ohne Wertung, nur als Beispiel für gängige Vorstellungen und Ideen über sozialisierende Wirkungen materieller Hilfe, das vielzitierte „Anspruchsdenken", die Gefälligkeitsdemokratie, die schon einmal genannt wurde heute, der Lobbyismus, die pressure groups: bestimmte Verhaltensweisen werden durch die Eigenart des Systems sozialer Sicherheit geradezu erzwungen, d. h. „ansozialisiert".

Noch interessanter, allerdings auch noch unauffälliger und schwerer auffindbar sind die indirekt sozialisierenden Wirkungen materieller Hilfen, z. B. die Wirkung sozialstaatlicher Umverteilung auf die Sozialisationsleistungen der Familie. Wir geben offensichtlich Umverteilungsgeld auch deshalb an Familien, damit deren sozialisatorische Leistung gegenüber ihren eigenen Kindern steigt. Das ist eine der Begründungen, weshalb man etwa nach Kinderzahl differenzieren oder überhaupt Kindergeld bezahlen wird usw. Man könnte auch an die schichtspezifischen Schul- und Ausbildungsquoten in dem Zusammenhang denken, die zeigen, daß der Einsatz oder Nichteinsatz von Mitteln sekundärer Einkommensumverteilung auf sozialisatorische Leistungen zielen kann. Der Nichteinsatz, d. h. größere Einkommensungleichheit nämlich, steigert offensichtlich die schichtspezifische Differenzierung verschiedener Schularten und der Dauer der Schulausbildung ebenso wie Niveau der Berufsausbildung und der damit erreichten Qualifikation. Diese können aber nicht nur eingesetzt oder nicht eingesetzt werden, sondern sie könnten gezielt eingesetzt werden zum Zweck der Steigerung sozialisatorischer Wirkungen.

Da umgekehrt auch marktentzogene Dienstleistungsangebote, z. B. Erziehungsberatung, Freizeit- und Bildungsangebote der Jugendpflege, Kinder-, Mütter- und Familienerholung, re-distributiv sind, d. h. Umverteilung der Reproduktionskosten und Vergesellschaftung von Reproduktions- und Sozialisationskosten und -prozessen darstellen, tritt die Verteilungsgerechtigkeit als Problem und als Prinzip bei beiden, Sozialpolitik und Sozialpädagogik, bei monetär redistributiven und bei sozialen, personbezogenen Dienstleistungen in gleicher Weise auf. Wir wissen durch neuere Untersuchungen, daß auch die Angebote der Sozialpädagogik schichtspezifisch außerordentlich unterschiedlich genutzt werden, d. h. aber auch wieder, daß sie nicht im gleichen Maße von denen, die sie letztendlich doch bezahlen, genutzt werden, und das bedeutet wiederum: sekundäre Umverteilung, ohne daß sie als solche wahrgenommen wird und ohne daß sie als solche gemeint ist, sondern daß nur einfach ihre Funktion sekundär umverteilend wirkt.

Da die sekundäre Umverteilung in ihrer administrativ-organisatorischen Abwicklung natürlich auch eine Dienstleistung ist, gehören beide Sektoren, Sozialpolitik und Sozialpädagogik, in den Dienstleistungsbereich, in den sog. tertiären Sektor der Volkswirtschaft.

Neben horizontalen gibt es aber auch vertikale Ausdifferenzierungen, Funktionsebenen oder Handlungssubsysteme. Ich will vier unterscheiden:

a) die gesamtstaatliche (oder gesamtgesellschaftliche) Ebene,
b) die Bundesländer,

c) die Zwischenebenen, wie Landschaftsverbände, Regierungsbezirke,

d) die kommunale Basis (Kreise, kreisfreie Städte, Gemeinden),

an der das hier Gemeinte — Sozialpolitik und Sozialpädagogik — in direktem Kontakt passiert.

Legislative Aufgaben und Aufgabenträger sind im allgemeinen auf den oberen beiden Ebenen, exekutive auf den unteren beiden Ebenen angesiedelt. Es könnte deshalb auf den ersten Blick so aussehen, als ob Sozialpolitik die oberste bzw. die beiden oberen, Sozialpädagogik/Sozialarbeit die unterste bzw. die beiden unteren Funktionsebenen ausfüllt bzw. einnimmt. Tatsächlich wird Sozialarbeit ja vielfach als unmittelbar an der Basis ansetzende Umsetzung und Vollzug sozialpolitischer Gesetze verstanden, die ihrerseits auf oberster legislativer Ebene zustandegekommen sind. Trotz der weiten Verbreitung dieser Auffassung zeigen eingehendere Überlegungen deutlich, daß dies höchstens Gewichts- oder Anteilsunterschiede sind, die aber keine Unterscheidung zwischen Sozialpolitik und Sozialpädagogik ausmachen können. Deshalb nämlich, weil auch sozialpädagogische Leistungen — an der Basis und in direktem Kontakt erbracht — natürlich auf oberster Ebene gesetzlich reguliert und gesteuert und auf den Zwischenebenen weiter konkretisiert, evtl. auch finanziert und noch auf kommunaler Ebene durch sozialpolitische Entscheidung gefördert oder eingeschränkt werden. Umgekehrt wird auch die sekundäre Einkommensumverteilung zwar „oben" reguliert und gesteuert, realisiert aber wird sie erst an der Basis, allerdings durch eine administrative und keine sozialpädagogische Leistung.

Dieses letztere Beispiel verdeutlicht eine Unterscheidung, die mir zum Verständnis des Sozialpolitischen und des Sozialpädagogischen sehr wichtig erscheint, nämlich die zwischen Verwaltungsleistung und verwalteter Leistung. Die sozialpolitische Entscheidung qua Gesetz oder Verwaltungsvorschrift wird an der Basis durch eine Verwaltungsleistung konkretisiert und realisiert, umgesetzt. Es besteht hier also ein Verhältnis von Gesetz und administrativem Gesetzes*vollzug*. Die (durch gesetzliche und administrative Rahmenbestimmungen) verwaltete Leistung ist eigenständigen Inhaltes (also nicht bloß Gesetzesvollzug), z. B. sozialpädagogischer oder auch ärztlicher, unterrichtender oder sonstiger Art, also fachlicher, professioneller Natur. Hier erfolgt die eigentliche Inhaltserfüllung, die eigentliche Leistung erst im professionellen Handeln. Sie ist nicht vorgegeben, sondern vorgegeben sind hier nur allgemeine Rahmenbestimmungen und etwaige Begrenzungen.

Ich komme zu einem weiteren Punkt, an dem sich teils Gemeinsamkeiten, teils Unterschiede von Sozialpolitik und Sozialpädagogik deutlich machen lassen, nämlich Wandlungsprozesse — Wandlungsprozesse gesellschaftlich-historischer bzw. sozio-ökonomischer Art, von denen schon als geschichtlichem Ausgangspunkt und Ausgangsort beider die Rede war: Sozialpolitik und Sozialpädagogik sind schon an der Wurzel ihrer Entstehung davon bedingt und bestimmt und unterliegen auch weiterhin laufend Veränderungen im Zusammenhang mit dem laufenden sozialen Wandel.

Solche Wandlungsprozesse, die besonders charakteristisch sind für unseren Bereich, sind einmal die schon genannte Verlagerung von der informellen Versorgung und Umverteilung in „Naturform", die etwa durch Familie, Nachbarschaft, Dorf usw. geleistet wird, und die zunehmend im Laufe der historischen Entwicklung ersetzt wird durch institutionelle und vergesellschaftete „Kunstformen". D. h., daß hier nicht oder jedenfalls nicht in erster Linie die Leistungen bzw. Funktionen sich ändern, sondern nur der Leistungsträger sich verlagert. Diese Umverlagerung von der informellen Trägerschaft auf die institutionelle, vergesellschaftete, verstaatlichte wird vielfach als Gefahr gesehen jenseits kritischer Schwellenwerte. Daraus wird dann entweder die Hoffnung oder die Mahnung zur Umkehr abgeleitet, verbunden etwa mit der sog. Laisierungsstrategie, von der heute auch schon die Rede war. Sie kommt eigenartigerweise aus den verschiedensten politischen, weltanschaulichen usw. Lagern. So wichtig der Hinweis auf die Gefahr und auf die Entartungen ist, die in dieser Richtung liegen, habe ich erhebliche Zweifel, ob der bloße Appell zur Umkehr irgendwie wirkungsvoll werden kann. Es scheint mir etwas nach Maschinenstürmerei auszusehen, nach einem verbalen Kraftakt oder Gesundbeterei ohne jede tatsächliche, gesellschaftliche Auswirkung. Aber das ist ein Punkt, den man sehr eingehend diskutieren muß.

Zweiter Änderungsprozeß innerhalb dieses Bereiches ist die Verschiebung von dem Anteil an materieller Lebens- und Einkommenssicherung durch Umverteilung hin auf soziale Dienstleistungen, wie Beratung, Rehabilitation, Umschulung usw. Das ist ein wohl allgemein anerkannter Sachverhalt, daß die Anteile immaterieller Hilfe gegenüber materieller Hilfe immer mehr zunehmen.

Ein weiterer Wandlungsprozeß ist der der Universalisierung, d. h. die Ausweitung des Adressatenkreises von Sozialpolitik und Sozialpädagogik, die zeitweise bzw. ursprünglich stark auf Randgruppen konzentriert waren, sich aber mehr und mehr auf den Durchschnittsbürger, auf die durchschnittliche Arbeitskraft usw. richten. Die Rede vom „Bürgerrecht auf ..." ist offensichtlich der stärkste Ausdruck dieser Universalisierung, d. h., daß hier etwas, das ursprünglich für ganz bestimmte Gruppen — unterprivilegierte Minderheiten oder überprivilegierte Eliten — gedacht war, mehr und mehr zu einem Anspruch für alle wird (wobei Anspruch und Wirklichkeit durchaus weit auseinanderklaffen können).

Ein letzter Wandlungsprozeß, auf den ich noch verweisen möchte, ist die zunehmende Verrechtlichung, die der Hauptpunkt des vielbeklagten staatlichen Dirigismus und Staatsinterventionismus ist. Hierher gehört auch die Abhängigkeit von und die Entmündigung durch Experten und als Gegenstrategie die sog. Laisierungsstrategie, die eigentlich Re-Laisierungsstrategie heißen müßte, da wir ja eben den Übergang von der informellen zur institutionellen Erbringung dieser Leistungen geschichtlich feststellten.

Die Beispiele zeigen schon: es ist eine Sache, solche Entwicklungslinien und Trends als Entwicklung naturwüchsiger Art aufzuzeigen und zu konstatieren; es ist eine andere, sie nach bestimmten Kriterien und Gesichtspunkten zu bewerten, und es ist eine dritte, anhand dieser Bewertungen die naturwüchsigen Trends zu verstärken oder gegenzusteuern, d. h. Strategien zur Einwirkung auf bisher naturwüchsig ablaufende Prozesse zu entwickeln.

Dies soll noch an den Entwicklungstrends Verwissenschaftlichung und Politisierung und ihrer wechselseitigen Verflechtung gezeigt werden, wobei zugleich deutlich werden soll, daß es sich bei solchen Etikettierungen von Entwicklungstrends zunächst nur um Schlagwörter oder Reizwörter handelt, die inhaltlich bestimmt und konkret gefüllt sein müssen, bevor man sinnvoll zu einer Bewertung der damit gemeinten Sachverhalte und Prozesse übergehen kann.

So kann Verwissenschaftlichung, verbunden mit Professionalisierung, auf der einen Seite auf die Schaffung neuer Standesprivilegien abzielen, sie kann auf der anderen Seite aber auch bedeuten, Sozialpolitik auf eine rationale wissenschaftliche Basis zu stellen und durch rationale Rekonstruktion aus dem naturwüchsigen Selbstlauf herauszuführen. Wenn die Verwissenschaftlichung von Sozialpolitik und Sozialpädagogik angestrebt wird, dann sollte auf alle Fälle klargemacht werden, daß damit nicht die Entpolitisierung durch die Herrschaft sog. Sachzwänge und auch nicht die Aufstellung manipulativ verwendbarer Gesetze quasi-kausaler Struktur gemeint ist und gemeint sein kann, sondern eher die wissenschaftliche Aufklärung von Technokratie- und Bürokratie-Gefahren, die Aufklärung über Möglichkeiten und Voraussetzungen von Partizipation und Demokratisierung usw.

Politisierung ist als Trend in der Sozialpädagogik/Sozialarbeit/Sozialpolitik der 60er Jahre konstatierbar:

— in der Einbeziehung der Sozialpädagogik/Sozialarbeit/Sozialpolitik in allgemeinere politische „Bewegungen" (wie Studenten- und Schülerbewegung, APO usw.),

— in der Aufdeckung bislang latenter politischer Funktionen und Wirkungen der Sozialpädagogik/Sozialarbeit/Sozialpolitik,

— in der Wiederentdeckung von Phänomenen wie Armut, Benachteiligung und Unterprivilegierung, Randgruppen-Existenz, verbunden mit der Forderung nach politischen bzw. sozialpolitischen Lösungen bzw. Lösungsversuchen und Lösungsvorschlägen.

Politisierung in diesem Sinne ist als zeitgeschichtliches Phänomen abgeklungen, d. h. einer Trendwende erlegen.

Re-Politisierung als wünschbare und anzustrebende Entwicklung und Veränderung ist denkbar und formulierbar

— als Zurückholen offenbar sozialpolitischer und sozialpädagogischer Fragen und Probleme und unterdrückter und verdrängter Konflikte in die politische Auseinandersetzung,

— als Auflockerung des eher zunehmenden Immobilismus, der sich als symbolic use of politics (Edelman) darstellt und Politik und bes. auch Sozialpolitik zum Ritual erstarren läßt, bei dem es bestenfalls noch um quantitativ ökonomische Veränderungen geht. Sie könnte der Latenz überlassene Interessen wieder vertretbar machen und unter Entwicklung von Strategien der Aufklärung unterprivilegierte Betroffene aktivieren und mobilisieren zur Partizipation am politischen und sozialen Prozeß.

Bei der Sozialpädagogik/Sozialarbeit im besonderen könnte man sich als gezielte Veränderung einen Abbau von Funktionen sozialer Kontrolle wünschen, so daß in diesem Bereich Hilfe als Gebrauchswert für die Adressaten deutlicher und gewichtiger wird (gegenüber der gesellschaftlichen Funktion von sozialer Kontrolle). Das würde dazu führen, daß die Fürsorge (ich darf hier gezielt das alte Wort verwenden) entdiskriminiert wird, d. h. daß die Diskriminierung, die immer noch verbunden ist mit dieser dritten Säule der sozialen Sicherung — wir haben das heute auch schon bei Herrn Merten gehört —, abgebaut würde, wenn sie weniger als bisher mit Formen sozialer Kontrolle verknüpft wäre. Vielleicht, das wäre zu prüfen, wäre es für das Gesamtsystem gut, das ja in einem Zustand fast unerträglicher Parzellierung und Fragmentarisierung liegt, wenn man das Gesamtsystem rekonstruieren könnte nach funktionalen Gesichtspunkten, also etwa einer weitgehenden Trennung a) der Funktionen sozialer Kontrolle, b) Einkommensumverteilung und c) Erziehung, Beratung, Behandlung usw., also sozialpädagogischen Funktionen, den eigentlichen Hilfefunktionen, der sog. persönlichen Hilfe. Bei der wissenschaftlichen Unterstützung solcher wünschbaren Entwicklungstendenzen wäre vor allem daran zu denken, daß die Wissenschaft sich an der Bearbeitung von Strategieentwicklungen beteiligt, also gleichzeitig auf zwei Gleisen fährt, mituntersucht, was wünschbar ist, und untersucht, was machbar ist.

Damit möchte ich zu der Frage kommen, was Sozialpolitik und Sozialpädagogik als Wissenschaft bedeutet, also die Frage nach dem wissenschaftlichen Status von Sozialpolitik und Sozialpädagogik.

Ich glaube, daß der wissenschaftliche Status beider ebenfalls wieder so ähnlich oder sogar gleich ist, daß das folgende Zitat auf beide zutreffen könnte. Ich verwende dabei das Kürzel SP, das ja sowohl für Sozialpolitik wie für Sozialpädagogik stehen kann, und zitiere: „Die wissenschaftliche SP, als akademisches Fach an den westdeutschen Universitäten etabliert, wenn auch eher am Rande, ist eine anomische Disziplin. Unter ihren Vertretern sind nur wenige Bewertungen der sozialen Realität unstrittig. Den bisherigen Leistungen werden unterschiedliche Noten erteilt, über zukünftige Aufgaben bleiben mehr Möglichkeiten angedeutet, als auch nur annähernd übereinstimmend beantwortet werden. Diese Merkmale charakterisieren die Orientierungsschwierigkeiten einer sich ihres wissenschaftlichen Status immer noch unsicheren, in ihren handlungsleitenden Funktionsdefinitionen wie sachbezogenen Problemdefinitionen kontroversen akademischen Disziplin. So stellt sie ihre alte Frage immer noch unverändert: was ist SP?"

Ich glaube, daß dieses Bild der Sozialpädagogik als einer Wissenschaft in statu nascendi wohl kaum von irgend jemand bestritten wird, vom Autor selbst ist sie auf die Sozialpolitik gemünzt (*Jürgen Krüger*, 1975).

Für beide, Sozialpolitik und Sozialpädagogik, gilt auch, was über den wissenschaftstheoretischen und wissenschaftssystematischen Ort zu sagen ist: Rang und Charakter als Wissenschaft ist für beide nicht unbestritten. Die alte Frage, die wir am Anfang der wissenschaftlichen Sozialpolitik finden: Wissenschaft oder Kunstlehre oder wertende Disziplin (mit einem grundlegend anderen Wissenschaftscharakter, wie schon Leopold von Wiese meint) ist heute noch offen und unbeantwortet, denn sie wird in diesen drei Alternativen von verschiedenen Autoren unterschiedlich beantwortet und bleibt damit letztlich abschließend unbeantwortet.

Aus der Bestimmung, „Objekt der Sozialpolitik (sei) ein Stück gesellschaftlicher Praxis", leitet *L. von Wiese*, da Unbestimmtheit und Mannigfaltigkeit Merkmale der Praxis seien, aus diesen als Merkmale der Wissenschaft „Anzeichen für die wachsende Erkenntnis des Objektes" ab (während andere hierin Zeichen für den unzulänglichen Entwicklungsstand und Status dieser Wissenschaft sehen, wie z. B. *Krüger* und der Verfasser).

Allerdings ist für Sozialpolitik und Sozialpädagogik fraglich, ob die Erkenntnis des Objektes „Praxis" alleiniges Ziel dieser Wissenschaften sein kann, da schon bei *v. Wiese* eine doppelte Definition und Bestimmung deutlich wird:

a) ein rückblickendes Praxis-auf-den-Begriff-bringendes historisches Erkenntnisinteresse und

b) ein prospektives Erkenntnisinteresse als Versuch der rationalen Rekonstruktion, der Systematisierung und Optimierung künftiger Praxis (= Sozialpolitik und Sozialpädagogik).

Neben der wissenschaftstheoretisch kontroversen Frage, ob das eine *Wissenschaft* kann, leisten kann, steht die wissenschaftsklassifikatorische, wissenschaftsorganisatorische oder wissenschaftssystematische Frage, ob das *eine* Wissenschaft kann.

Zur ersteren Frage, ob das eine *Wissenschaft* kann, gibt es die Antwort Nein, mit dem alternativen Verweis: dazu ist eine Kunstlehre nötig. Es wird zurückverwiesen auf die antike Unterscheidung, wonach das ars sei, nicht Wissenschaft. Sie kennen den Versuch von *Brezinka*, die Erziehungswissenschaft dadurch zu konstituieren, daß alle Bereiche, die nach empirisch-analytischer Wissenschaftsauffassung des Kritischen Rationalismus nicht Wissenschaft sind, als eigene Bereiche von Nicht-Wissenschaft ausgegliedert werden. Das ergibt die Vierteilung: Erziehungswissenschaft (das ist der im strengen Sinne empirisch-analytische Anteil), Philosophie der Erziehung, Erziehungslehre = Praktische Pädagogik (das ist die hier genannte Kunstlehre) und dann noch die Historiographie der Erziehung.

Es ist aus der grundsätzlich gleichen Struktur von Sozialpolitik und Sozialpädagogik völlig klar, daß die gleiche Konstruktion für die Sozialpolitik versucht und durchgeführt werden könnte, ja müßte, wenn man diesen Standpunkt des Kritischen Rationalismus konsequent zu Ende denkt und durchführt.

Zur zweiten Frage: Kann das *eine* Wissenschaft? Sie kann das offensichtlich nicht, denn bisher war ja eine Reihe von Wissenschaften beteiligt: die Ökonomie, die Soziologie, die Rechtswissenschaft, die Politikwissenschaft (diese eigentlich am allerwenigsten, obwohl sie ja die zunächst zuständige sein müßte, denn wenn wir Sozialpolitik als Teil- oder Fachpolitik definieren, dann müßte die Politikwissenschaft die umfassende Wissenschaft für alle Politiken sein, u. a. auch die Sozialpolitik). Also: *eine* Wissenschaft (der herkömmlichen disziplinären Struktur) kann diese Aufgabe sicher nicht lösen. Welche Alternativen gibt es bei der zweiten Frage? Ein multi-disziplinäres Additivum aus Teilstücken von Einzelwissenschaften? Das ist das, was vielfach tatsächlich entsteht als Aggregat aus der Arbeit vieler Autoren. Oder ein interdisziplinäres Integrativum, eine sog. Integrationswissenschaft? Es gibt auch Vertreter dieser Auffassung, die diesen Begriff der Integrationswissenschaft daraufhin geprägt haben. Meine Frage ist nur: 1. Was wird hier wie integriert? (und darauf geben die Vertreter der Integrationswissenschaft keine Antwort). 2. Was heißt hier eigentlich Integration? Bedeutet Integration hier nicht tatsächlich auch nur Aneinanderreihung von einzelwissenschaftlichen Theorien und Versatzstücken? Außerdem erscheint mir diese Integrationswissenschaft mit der traditionellen diszplinären Struktur der Wissenschaft und der Wissenschaftssystematik nicht vereinbar. Dann bleibt eigentlich nur noch eine letzte Lösungsmöglichkeit: ein neuer, anderer, nämlich transdisziplinärer Wissenschaftstypus. Und damit scheinen mir tatsächlich Problem und Problemlösungsmöglichkeit am deutlichsten umrissen.

Kuhn, einer der bekanntesten amerikanischen Wissenschaftstheoretiker, hat in seiner „Struktur wissenschaftlicher Revolutionen" zwei Wissenschaftstypen expliziert, nämlich „Normalwissenschaft" und „revolutionäre Wissenschaft". Das ist Allgemeingut der wissenschaftstheoretischen Diskussion geworden. Vielfach übersehen worden ist, daß er zwei andere Wissenschaftstypen (allerdings weniger deutlich und ausdrücklich) unterscheidet (falls er den zweiten überhaupt als Wissenschaft anerkennt), nämlich a) die von ihm sog. Fachwissenschaft oder Disziplin. Deren Status ist gekennzeichnet durch den Erwerb eines Paradigmas und das bedeutet zugleich Abschließung und Abschottung gegen „äußere", (z. B. gesellschaftsrelevante) Probleme und Konzentration auf „innere", d. h. wissenschafts-immanente Probleme. Das ist nach *Kuhn* das Merkmal einer Fachwissenschaft, einer Disziplin. Dann setzt er davon ab, b) „Gebiete", wie er das nennt, wie Medizin, Jura, Technologie, deren „raison d'être" im wesentlichen ein äußeres soziales Bedürfnis ist. Und die nimmt er eigentlich nicht richtig ernst als Wissenschaft, behandelt sie im folgenden überhaupt nicht mehr und konzentriert sich nur auf die ersten. Ich bin der Meinung, daß genau da, wenn Sie mir den Ausdruck in diesem Zusammenhang erlauben, der Hase im Pfeffer liegt, denn genau das müßten doch offensichtlich Sozialpolitik und Sozialpädagogik sein: Wissenschaften, deren raison d'être, deren eigentlicher Existenzgrund in äußeren, sozialen Bedürfnissen liegt. Und genau das lehnt *Kuhn* ab zur Begründung einer (in seinem Sinne verstandenen) Fachwissenschaft oder Disziplin. Offensichtlich aber können sich doch Sozialpädagogik und Sozialpolitik „die Abschottung und Abschließung von äußeren gesellschaftsrelevanten Problemen", wie *Kuhn* sie fordert, damit eine Wissenschaft zustande käme, nicht leisten, denn damit beseitigen sie ihre eigene Existenzgrundlage, die eigene Existenzbegründung. Danach allerdings würden, wenn *Kuhn* recht hat, Sozialpolitik und Sozialpädagogik vorparadigmatisch und unparadigmatisch sein (und bleiben müssen). Was den augenblicklichen Entwicklungszustand der beiden — Sozialpolitik und Sozialpädagogik — als Wissenschaft angeht, würden wohl viele mit mir übereinstimmen, beide als Wissenschaften in statu nascendi zu betrachten, als eine im Werden begriffene Wissenschaft, die nicht den gleichen Entwicklungsstand erreicht hat, wie die meisten klassischen Disziplinen = Einzelwissenschaften. Aber das ist etwas anderes, als vorweg abzuleiten, daß sie gar keine Wissenschaft sein und werden können.

Auch bei *Gans*, einem bekannten amerikanischen Politikwissenschaftler, findet sich eine ähnliche Unterscheidung (allerdings mit einer ausgewogeneren Bewertung als bei *Kuhn*, der von vornherein die eine von den beiden Alternativen abwertet): Er unterscheidet akademische Sozialwissenschaft und politikorientierte Sozialwissenschaft. Akademisch heißt wohl sehr stark auf Grundlagenforschung bezogene Sozialwissenschaft, politikorientierte ist auf Strategien, Programme und Probleme bezogene Sozialwissenschaft und damit scheint mir (besser als wenn man die Unterscheidung Grundlagenwissenschaft und angewandte Wissenschaft heranzieht, die mir wenig brauchbar für unseren Zweck erscheint) von *Gans* eine ganz ähnliche Unterscheidung gemeint wie bei *Kuhn:* nämlich

a) einmal eine Wissenschaft, die sich im wesentlichen mit ihren eigenen wissenschafts-immanenten Problemen theoretischer Natur bzw. der Theoriebildung befaßt und

b) eine Wissenschaft, die von der Gesellschaft her sich stellende Probleme angeht.

Nach den Vorstellungen, wie sie *Kuhn* entwickelt hat und die sich weitgehend in der Wissenschaftstheorie durchgesetzt haben, müßte in der Sozialpolitik auf einzeldisziplinärer Basis zwangsläufig die paradigmatisch einseitige Sichtweise dominieren, d. h. der manchmal beklagte Ökonomismus oder Soziologismus (oder Psychologismus bei der Sozialpädagogik) wäre zwangsläufig und durch die Art und Struktur einer Wissenschaft bedingt, die auf dem Wege zur Normalwissenschaft, d. h. zum Erwerb *eines* Paradigmas ist. Es wäre also nicht mehr eine beklagenswerte Nebenerscheinung etwa von disziplinären Eigen- und Sonderinteressen, sondern in der inneren Natur und Struktur der Wissenschaft, in der so (mit *Kuhn*) verstandenen Fachwissenschaft oder Disziplin selbst angelegt. Ebenso würde sich daraus die gesellschaftliche Irrelevanz, die Unbrauchbarkeit, die Inpraktikabilität wissenschaftlicher Theorien, die von der Praxis so oft beklagt wird, ergeben — resultierend aus der Abschottung gegen äußere, z. B. gesellschaftliche Probleme.

Die empirisch-analytische Wissenschaftsauffassung läßt nur die Untersuchung zu, von dem, was ist, unter Ausklammerung von dem, was sein kann, von dem, was sein könnte und von dem, was sein soll. Das bedeutet Fixierung auf den status quo („das, was ist"), das bedeutet aber zugleich Fixierung des status quo; während doch die Sozialwissenschaft zugleich, was *Klages* für die Soziologie so überzeugend gezeigt hat, projektiv und prospektiv sein sollte und auch sein kann, wenn allerdings auch nur sehr langfristig und programmatisch sein kann.

Auch hier hat schon *von Wiese* für die Sozialpolitik darauf hingewiesen, daß sie zugleich prospektive, auf die optimale Gestaltung künftiger Sozialpolitik zielende, politikgestaltende Aufgaben und Ziele hat. Auch Leopold *von Wiese* muß also schon ein solcher Wissenschaftstypus vorgeschwebt haben. Diese langfristige Perspektive eines neuen problem- und praxisorientierten handlungsanleitenden Wissenschaftstypus, der das Paradigma der Anwendung als technologische Transformation sozialwissenschaftlichen Grundlagenwissens transzendiert, stellt eine langfristige Perspektive dar, die zunächst metatheoretisch und programmatisch entwickelt und aufgearbeitet werden muß, die aber allein das Versprechen einer Problemlösung für die gestellten unbeantworteten und z. Z. unbeantwortbaren Fragen enthält. Mittelfristig müßte sicher zunächst eine andere wissenschaftsorganisatorische Annäherung an die anvisierte Lösung versucht und nachdrücklich beschritten werden, nämlich multi- und interdisziplinäre Institute und Fachbereiche für Sozialpolitik und Sozialarbeitswissenschaft, die es ja nicht gibt, nirgendwo gibt, und über diese interdisziplinäre Brücke könnte dann hoffentlich eines Tages der Status einer eigenständigen Wissenschaft neuer Art, wie er kurz skizziert wurde, erreicht werden.

Soziologie und Sozialpolitik

Von Helmut Klages

I.

Die „Sozialpolitik" zielte in ihrer Entstehungssituation in der 2. Hälfte des 19. Jh. auf die Problematik der „sozialen Frage". Diese war in der damaligen Zeit substantiell eine „Arbeiterfrage".

Fragt man sich nun, in welcher Beziehung die Soziologie der damaligen Zeit zum Gegenstandsbereich der Sozialpolitik, d. h. also zur „sozialen Frage", genauer gesagt: zur Arbeiterfrage, stand, so stößt man auf ein interessantes Ergebnis: In der Soziologie war die Arbeiterfrage in dem Augenblick, als die Sozialpolitik entstand, bereits ein etabliertes Forschungsgebiet, oder vielmehr sogar: eines der entscheidenden Forschungsgebiete überhaupt, ein Forschungsgebiet nämlich, auf welches sich das thematische Interesse dieser Wissenschaft weithin konzentrierte. Es läßt sich ohne allzu große Kühnheit behaupten, daß die Soziologie die Arbeiterfrage schon im zeitlichen Vorfeld der Sozialpolitik als ein erstrangiges Phänomen des gesellschaftlichen Wandels entdeckt und als ein gewichtiges Objekt zukünftiger Politik kenntlich gemacht und zu Bewußtsein gebracht hat.

Es braucht dementsprechend nicht zu verwundern, daß die Denkrichtungen, die sich in der Soziologie in der Auseinandersetzung mit der Arbeiterfrage entwickelten, einen sehr starken Einfluß auf die Konzepte und Handlungsansätze ausübten, die sich in der frühen Sozialpolitik entfalteten. Daß der anglo-amerikanische Raum sozialpolitisch zunächst verhältnismäßig indifferent blieb, ging mit auf den Einfluß der *Spencer*schen Soziologie zurück, in welcher im Anschluß an *Charles Darwin* dargelegt wurde, in der industriellen Gesellschaft würden sich die Tüchtigen gemäß dem natürlichen Gesetz von Auslese und Anpassung automatisch selbst durchsetzen und jegliche Sozialpolitik zugunsten der Schwachen und Zurückgebliebenen würde diesen Vorgang nur behindern und beeinträchtigen (nachfolgende Sonderentwicklungen in Großbritannien stehen mit Einflüssen von *Ch. Booth* und *S. Rowntree* in enger Verbindung). Daß demgegenüber in Deutschland frühzeitig ein aktiver sozialpolitischer Entwicklungsweg eingeschlagen wurde, hatte in starkem Maße mit dem Einfluß von *Lorenz v. Stein* zu tun, der in seiner Soziologie die Zukunftsvision eines langfristigen zerstörerischen Klassenkampfes entwarf, auf den der Staat ausbalancierend und mildernd einwirken müsse, wenn er nicht eine zunehmende gesellschaftliche Zersetzung in Kauf nehmen wolle. Umgekehrt ging die langfristige Abwehrhaltung der deutschen Arbeiterbewegung auf den Einfluß des *Karl Marx*schen Systems zurück, welches aufgrund historisch-materialistischer Deutungsprämissen davon ausging, der „bürgerliche" Staat müsse als eine bloße Agentur der herrschenden Bourgeoisie angesehen werden, und welches die Deutung nahelegte, es sei somit von der Sozialpolitik eben dieses Staates letztlich nichts anderes als eine Pazifizierung der Betroffenen mit geringstmöglichem Kostenaufwand zu erwarten.

Man kann zusammenfassend sagen, daß die Soziologie des 19. Jh. verschiedene übergreifende Deutungssysteme der gesellschaftlichen Situation und des gesellschaftlichen Wandels hervorgebracht hat, welche das sozialpolitische Handeln — als „Ideologien", wenn man so will — beeinflußten.

Unterhalb dieser sehr hochgelegenen Ebene abstrakter Deutungen und Ordnungsentwürfe hat die Soziologie für die entstehende Sozialpolitik aber noch eine zweite Aufgabe wahrgenommen, die wir mit *Helmut Schelsky* als die der „Wirklichkeitskontrolle" ansprechen können[1]. Schlagen wir die „Gesammelten Aufsätze zur Soziologie und Sozialpolitik" von *Max Weber* auf, so stoßen wir bereits auf der ersten Seite auf eine programmatische Erklärung zu den frühen empirischen Erhebungen des Vereins für Socialpolitik in der „geschlossenen Großindustrie", in welcher wir über diese zweite Aufgabe mit aller wünschenswerten Klarheit informiert werden. *Max Weber* erklärt hier u. a., es gehe bei den im Anlaufstadium befindlichen Forschungen des Vereins darum, festzustellen, „welche Einwirkung die ... Großindustrie auf persönliche Eigenart, berufliches Schicksal und außerberuflichen ‚Lebensstil' ihrer Arbeiterschaft ausübt, welche physischen und psychischen Qualitäten sie in ihnen entwickelt, und wie sich diese in der gesamten Lebensführung der Arbeiterschaft äußern..."[2].

Es mag verwundern, ja vielleicht befremden, wenn *Max Weber* hinzufügt, daß den Untersuchungen „jegliche unmittelbar praktische ‚sozialpolitische' Tendenz" fernliege. Dies hat zumindest zum Teil damit zu tun, daß sich *Max Weber* darüber im klaren war, daß das ambitiöse Programm der Untersuchungen weit über den Interessenradius derjenigen Sozialpolitik, wie sie sich bis zum Anfang des Jahrhunderts entwickelt hatte, hinauszielte. Während sich diese frühe Sozialpolitik

---

[1] Vgl. Ortsbestimmung der deutschen Soziologie, Eugen Diederichs Verlag, Düsseldorf—Köln 1959, S. 122 ff.
[2] *J. C. B. Mohr (Paul Siebeck)*, Tübingen 1924, S. 1.

noch vorwiegend mit dem Sozialversicherungswesen, d. h. also mit dem ökonomischen Schutz von Menschen in den Extremsituationen der Krankheit, der Invalidität und der Arbeitslosigkeit und im einkommenslosen Alter beschäftigte, ging es *Max Weber*, wie das Zitat erkennen läßt, um weit mehr, nämlich um die Aufhellung der Daseinssituation des Arbeiters schlechthin unter den Bedingungen der industriellen Arbeit. *Max Weber* fordert um der Erreichung dieses Aufhellungszieles willen eine „wertfreie", aber fundamentale und umfassende Tatsachenforschung, wobei er in Rechnung stellt, daß die Forschungsergebnisse mit einer hochgradigen Wahrscheinlichkeit innerhalb verschiedener Politikbereiche von „praktischem Interesse" seien. *Max Weber* entwirft, wenn man so will, an dieser Stelle mit einem prophetischen Blick für Zukünftiges das Programm einer Soziologie, die der Politik zuverlässige Röntgenaufnahmen gesellschaftlicher Gegebenheiten zuführen kann, wobei sie sich in einer nicht durch aktuelle Politikfestlegungen eingeschränkten Weise auf den eigentlich wesentlichen Gegenstands- und Zielbereich der Sozialpolitik konzentriert: auf den Menschen nämlich im Chancen- und Gefahrenfeld des technischen und des ökonomischen Fortschritts. Die Soziologie, die *Max Weber* meint, rückt diesen Gegenstandsbereich in ein helles Scheinwerferlicht, so daß das, was geschieht, in einer möglichst unverzerrten Weise deutlich sichtbar und verstehbar und in seinem realen Problemgehalt abwägbar wird. Es soll, nach *Weber*, zu dem Arbeitsprogramm der tatsachenwissenschaftlichen Soziologie gehören, Informationen darüber zu geben, „was angesichts der gegebenen Existenzbedingungen der Großindustrie auf dem Wege der Gesetzgebung überhaupt als ‚erreichbar' gelten darf, was nicht"[3], d. h. also Politikprogramme antizipativ zu evaluieren, wie man heute sagen würde, und somit substantielle Politik- und Gesetzgebungsberatung zu betreiben.

II.

Machen wir nach dieser historischen Vergegenwärtigung einen Sprung in Richtung unserer Gegenwart, dann können wir feststellen, daß der zuletzt genannte Aufgabenbereich der Soziologie, für den *Max Weber* frühzeitig ein Programm entworfen hat, zunehmend in den Vordergrund der wissenschaftlichen Tätigkeit getreten ist. Es gibt heute nur noch sehr wenige Soziologen, die sich selbst denjenigen umfassenden, Sein und Sollen souverän überspannenden Gegenwartsdeutungs- und Ordnungsentwurf zutrauen, wie er bei Denkern wie *Herbert Spencer*, *Lorenz v. Stein* und *Marx* im Vordergrund stand. Selbst in der Frankfurter Schule, die noch vor einiger Zeit ein Zentrum der übergreifenden Gesellschaftsdeutung und -kritik war und sein wollte,

---
[3] *Weber*, S. 3.

ist dieser Impuls inzwischen abgeklungen. Die kräftige Entwicklung der Sozialpolitik, die bis heute stattgefunden hat, ist dementsprechend in der grundlegenden Richtung ihrer Entwicklung und in ihrem fundamentalen Selbstverständnis in einem deutlich abnehmenden Maße von der Soziologie beeinflußt worden.

Es lassen sich andererseits deutliche Entsprechungen zwischen der Ausfaltung der Sozialpolitik in verschiedene Lebensbereiche auf der einen Seite und der Entwicklung verschiedener empirisch orientierter „Bindestrich"-Soziologien auf der anderen Seite feststellen, von denen ich im Augenblick nur die Jugendsoziologie, die Familiensoziologie, die Soziologie des Alters und die Soziologie der Randgruppen und des abweichenden Verhaltens nennen möchte. Es hat sich in solchen Spezialsoziologien die Fähigkeit zu einer methodisch ausgefeilten und hochgradig „objektiven" Analyse komplizierter Faktenzusammenhänge entwickelt, bei der es einerseits darum geht, Problemsachverhalte überhaupt erkennbar und in ihren Umrissen abschätzbar werden zu lassen, bei der es sich andererseits jedoch gleichzeitig auch um das „Verstehen" von Problemsachverhalten, um die Einsicht in ihre Ursachen und mitwirkenden Bedingungen handelt. Man kann, wie ich meine, davon ausgehen, daß alle diejenigen sozialpolitisch orientierten Teilpolitiken, die sich während der letzten zwei Jahrzehnte über verschiedene Fachressorts hinweg in den Bereichen der Jugendfürsorge und -pflege, der Familienfürsorge und -beratung, der Hilfen für ältere Menschen und der Betreuung von Randgruppen herausgebildet haben, von der „empirischen Sozialforschung" profitiert haben, wenngleich sie deren Informationspotential ganz sicher nicht ausgeschöpft haben. Man kann, wie ich meine, hinzufügen, daß die empirische Sozialforschung in all diesen und in mehreren anderen Bereichen als Entscheidungshilfe unentbehrlich geworden ist, denn nur durch sie ist es möglich, die harten Faktenkerne gesellschaftlicher Probleme jenseits der Hektik der politischen Massenmedien in den Blick und in den Griff zu bekommen und damit — tendenziell — diejenige Sicherheit des Gegenstandszugangs zu erhalten, ohne die ein verantwortliches politisches Handeln unter den modernen Lebensbedingungen nicht möglich ist.

Eine *Begrenzung* dieses Typs der empirischen Sozialforschung war und ist es nun allerdings, daß sie den *Max Weber*schen Vormerkpunkt der Politikberatung auf dem Wege einer Erwägung der Möglichkeiten und der Grenzen politischer Programme sehr weitgehend außer acht gelassen hat. Die empirische Sozialforschung hat bisher charakteristischerweise Informationen über soziale Verhaltensweisen und hinter ihnen stehende Werte, Einstellungen und Meinungen erarbeitet, und sie ist bemüht gewesen, die hierbei anfallenden Daten mit den jeweils „korrelierenden" gesellschaftlichen Bedingungen und Gegebenheiten in Beziehung zu bringen. Gerade dort, wo sie um hohe Qualität im Sinne fachlicher Standards bemüht war, hat die empirische Sozialforschung hierbei immer wieder den Bezug zur „Theorie" gesucht, d. h. z. B. solche Einflußgrößen (oder „Variablen") in den Mittelpunkt gerückt, denen eine besonders hohe Relevanz im Rahmen allgemeinerer theoretischer Konzepte zukam. Dies wirkte sich beispielsweise so aus, daß bei Untersuchungen über Probleme der Beziehungen zwischen jüngeren und älteren Familienmitgliedern intensiv über „Kontakt- und Kooperationsformen innerhalb des Familiensystems im Zusammenhang mit Urbanisierung oder Wertwandel" geforscht wurde, daß aber solche eminent praktischen Fragen wie die nach der Beeinflußbarkeit des Problembereichs durch geeignete Maßnahmen des Wohnungsbaus und der Wohnungsgestaltung und durch die Einrichtung und Verstärkung von Hilfsdiensten für ältere Menschen außer acht gelassen wurden[4].

Inzwischen hat man nun allerdings — und dies ist die allerneueste Entwicklung — das „Anwendbarkeitsdefizit"[5] der empirischen Sozialforschung entdeckt, und es gibt eine breite Bewegung, die darauf abzielt, die vorhandene Lücke auszufüllen. Diese Bewegung ist so nachdrücklich, daß die *Max Weber*schen Reserven gegenüber einer „unmittelbar praktischen ‚sozialpolitischen' Tendenz" überrollt werden. Für viele Forscher beginnt der „Interventions"-Bezug das eigentlich Wichtige und Faszinierende an der gesamten Forschung zu sein. Die Soziologie umarmt geradezu die Sozialpolitik, und es zeichnet sich eine Begegnung von einer Heftigkeit ab, wie es sie in der bisherigen Geschichte dieser Disziplin noch nicht gegeben hat.

Anzeichen für diese neue Bewegung in der Soziologie findet man in einer Reihe von neuartigen Forschungsansätzen und in gewissen Entwicklungen der Forschungsmethodik, die man insbesondere unter Stichworten wie „Implementationsforschung" und „Wirkungsforschung" zu fassen bekommt.

Ich möchte mich für den Augenblick mit dem ersten Stichwort (mit dem der „Implementationsforschung") nur sehr kurz, mit dem zweiten dagegen umso ausführlicher beschäftigen.

Zu *„Implementationsforschung"*: Es geht in diesem Forschungsbereich darum, mit den Mitteln der empirischen Forschung die Frage zu klären, ob und inwieweit sich Programmimpulse und -vorgaben, die von der politischen Ebene her erzeugt werden, in den Verwaltungsvollzug hinein fortsetzen und dort umgesetzt werden und wie die Um-

---

[4] Vgl. *Rosenmayr*, Der Eingriff der Sozialforschung in die Praxis, in: U. Lehr (Hrsg.): Interventionsgerontologie, Darmstadt 1979, S. 128 - 147.
[5] L. *Rosenmayr*.

setzungshemmnisse und -barrieren beschaffen und verursacht sind. Praktisch gesehen ist „Implementationsforschung" auf der einen Seite empirische Erforschung des Gesetzgebungsprozesses, auf der anderen Seite Bürokratieforschung. Die Soziologie begegnet sich hier mit der politischen Wissenschaft, und die Beiträge, die sie von sich aus beisteuern kann, konzentrieren sich in erster Linie auf die Organisationstheorie, die in der politischen Wissenschaft nur verhältnismäßig schwach ausgebaut ist.

Zu *„Wirkungsforschung":* In der Wirkungsforschung geht es demgegenüber erstens um die Frage, ob und wie Programme und Maßnahmen den Adressaten im gewünschten Sinn erreichen, wie sie zweitens bei ihm „ankommen", ob sie in ihrem Vollzug die Situation des Adressaten in der beabsichtigten Weise verändern und ob sie drittens Nebenwirkungen haben, die vielleicht in einer unerwünschten Weise in Erscheinung treten.

Mit diesen drei Aufgabenfeldern der Wirkungsforschung sind jeweils für sich sehr breite Arbeitsbereiche angesprochen, die sich in diesem Rahmen nicht detailliert abhandeln lassen. Grob gesprochen läßt sich jedoch bereits jetzt aus den bisher vorliegenden Ergebnissen der Wirkungsforschung ablesen, daß der Erfolg von Programmen und Maßnahmen, welche die Stromschnellen und Fallgruben in dem Gebiet zwischen der politischen Willensbildung und dem Verwaltungsvollzug überwinden, keinesfalls garantiert ist, sondern von der Erfüllung einer Fülle von Nebenbedingungen abhängt, die bisher nur unvollständig bekannt sind und im Hinblick auf die es bislang auch oft noch keine etablierten Grundsätze und Handlungsroutinen gibt. Die Wirkungsforschung macht, mit anderen Worten, ein Wissens- und Handlungsdefizit der Praxis, gleichzeitig aber auch ein Theoriedefizit der Wissenschaft sichtbar. Sie übt mit Negativinformationen — im Sinne des Sokratischen „Daimonion", wenn man so will — einen Druck auf die Praxis aus, die Erfolgsbedingungen ihres Handelns schärfer als bisher zu reflektieren, ihr Arsenal von Handlungsregeln entsprechend anzureichern (oder zu korrigieren) und in diesem Zusammenhang auf die Wissenschaft mit Fragen und Erwartungen zuzugehen, denen diese allerdings bisher noch kaum gewachsen ist.

Zu den wesentlichen konkreten Einsichten, die bisher erzielt wurden, gehört die Entdeckung, daß der Vorgang der sozialpolitisch motivierten staatlichen Leistungsabgabe stets über eine mehr oder weniger intensive *Kommunikation* zwischen Behörden und Bürgern verläuft, in welche von beiden Seiten ganz bestimmte kommunikative Fähigkeiten und Bereitschaften einfließen müssen, wenn die angezielten positiven Effekte entstehen sollen. Außerdem muß ganz offenbar aber auch ein minimaler Wert- und Zielkonsens zwischen beiden Seiten gewährleistet sein, weil sonst u. U. Mißverständnisse und mißbräuchliche Nutzungen überhand nehmen. Der ersterwähnte Problemkomplex läßt sich durch den Hinweis auf die hochgradige Sensibilität verdeutlichen, mit der viele Amtsbesucher — aus einem fundamentalen Abhängigkeitsgefühl heraus — auf die scheinbare Behördenwillkür und Beamtenarroganz, mit der sie in den Dienststellen konfrontiert werden, reagieren. Wir wissen aus den vorliegenden Untersuchungen, daß in solche Reaktionen vielfältige von den Massenmedien genährte Vorurteile gegen die Bürokratie als solche einfließen, die durch die Kontakterfahrungen, welche im Umgang mit den Ämtern gemacht werden, entweder verstärkt und stabilisiert oder aber auch durchbrochen und abgebaut werden können. In diesen Reaktionen kommen aber auch tief sitzende persönlichkeitsgeschichtliche Vorbedingungen wie auch Faktoren der durch die berufliche Tätigkeit bedingten kognitiven Nähe oder Ferne zu bürokratischen Arbeitsbedingungen zur Geltung. Von seiten der Bediensteten kommen umgekehrt unbewußte Positiv- und Negativbewertungen des Verhaltens und Erscheinungsbildes von Amtsbesuchern wie auch mehr oder weniger weitreichende Erwartungen im Hinblick auf Anpassungsleistungen gegenüber den eigenen Tätigkeitsbedingungen und -problemen ins Spiel, die oft gerade von den eigentlich hilfsbedürftigen Amtsbesuchern nicht erfüllt werden können. Wo die Kommunikation schief läuft, kommt es bei den Bürgern recht häufig zum Erlebnis mangelnder Aufgeschlossenheit und Gerechtigkeit der Verwaltung mit dem Effekt einer verstärkten „Verdrossenheit".

Probleme eines mangelnden Wert- und Zielkonsenses zwischen Behörden und Bürgern werden z. B. da sichtbar, wo die gewaltig angestiegenen Leistungen im Bereich des Gesundheitswesens zwar ohne große Kommunikationsprobleme abgenommen werden, wo sie gleichzeitig jedoch durch eine nachlassende eigenverantwortliche Bemühung um gesunde Lebensführung mehr oder weniger vollständig ihrer Wirkung beraubt werden. Ähnlich liegen die Dinge im Bereich der vielfältigen Einzelleistungen der Sozialhilfe, die an und für sich Hilfen zur Selbsthilfe bieten sollen, die oft genug aber eine Haltung des totalen Verlasses auf Unterstützung von außen in Verbindung mit einer Neigung zur äußerstmöglichen Ausschöpfung verfügbarer Möglichkeiten erzeugen oder zumindest begünstigen und die somit, streng genommen, einen demoralisierenden Nebeneffekt ausüben. Es erübrigt sich fast, an dieser Stelle auf die vielfältigen ähnlichen Schwierigkeiten hinzuweisen, die sich im Zusammenhang mit Unterstützungszahlungen an Arbeitslose einstellen.

Kommunikationsprobleme und Probleme des mangelnden Zielkonsenses scheinen sich dem Erfolg der Tätigkeitspraxis im Umsetzungsbereich der Sozialpolitik überall dort *gemeinsam* in den Weg zu stellen, wo es um direkte Einwirkungen auf menschliches Verhalten und auf die hinter ihm stehenden Werte und Einstellungen geht. Die bisher vorliegenden sozialwissenschaftlichen Untersuchungen haben gezeigt, daß sich der Staat in diesem Tätigkeitsbereich, d. h. also im Bereich der Beratung, der Rehabilitation und Wiedereingliederung, der Schulung, der Aufklärung, der Motivierung und Aktivierung, in einem besonders steinigen und unwegsamen Gelände bewegt, in welchem die Erfolge — insbesondere im Bereich der langfristigen Einwirkungseffekte und der „Transferwirkungen" — trotz aller Reformprojekte bis jetzt sehr spärlich gesät waren. Dies betrifft den Strafvollzug ebenso wie die Berufs- und Bildungsberatung und die Sozialarbeit mit Jugendlichen und mit Randgruppen.

III.

Es kann nicht die Absicht dieser Ausführungen sein, die gesamte Fülle der Einsichten auszubreiten, welche die vielfältigen Begleit- und Nachfolgeforschungen, die es im Bereich der sozialwissenschaftlichen Wirkungsforschung heute bereits gibt, erbracht haben. Ich muß mich vielmehr bei einer abschließenden Würdigung des *Erkenntnisnutzens*, den solche Wissenschaftsleistungen für die Praxis erbringen, auf den Versuch der Ableitung einiger allgemeiner Feststellungen beschränken.

Ich habe *erstens* darauf hingewiesen, daß insbesondere die Wirkungsforschung den Effekt hat, die Praxis nachdrücklich auf die Notwendigkeit hinzuweisen, die Erfolgsbedingungen ihres Handelns schärfer als bisher zu reflektieren. Würde es sich hierbei ausschließlich um die Erzeugung eines bloßen Alarmsignals handeln, dann müßte es allerdings fraglich sein, ob die Finanzierung immer weiterer Forschungen sinnvoll ist. Es würde dann vielleicht näherliegend sein, aus den Negativresultaten bisheriger Forschungen Konsequenzen zu ziehen, die selbst nicht mehr durch eine laufende Forschung abgedeckt zu sein brauchten.

In Wirklichkeit liegen die Dinge nun allerdings so, daß sich der Appell zur Einsicht in die Unvollkommenheit bisheriger Handlungsroutinen keineswegs nur mit der Aufforderung verbinden darf, in andere Handlungsroutinen überzuwechseln. Dieser Appell muß sich vielmehr auch mit der weiterreichenden Aufforderung verbinden, sich in ‚neuralgischen' Bereichen der Politik und ihrer Umsetzung auf die Erfordernisse eines längerfristigen „Experimentierens" einzurichten, um — über kontinuierliche Lernprozesse hinweg — die heutzutage noch fehlenden Handlungsfähigkeiten aufzubauen.

Ansätze in dieser ungewohnten Richtung, *staatliches Handeln als „Experiment"* zu organisieren, sind in den letzten Jahren bereits verschiedentlich mit sogenannten „Modellprojekten" wie auch mit den von mir schon einige Male angesprochenen „Begleitforschungen" unternommen worden. Die Beobachtungen über das Schicksal von Modellprojekten und Begleitforschungen zeigen nun allerdings, daß die politische und administrative Praxis bisher nur in einem sehr begrenzten Maße in der Lage gewesen ist, aus den Ergebnissen solcher Projekte und Forschungen Konsequenzen im Sinne einer systematischen Auswertung von Experimenten abzuleiten. Eher war es so, daß die Ergebnisse von Untersuchungen — oft auf der Grundlage von „Indiskretionen" — zwischen die Mühlsteine politischer Auseinandersetzungen gerieten und buchstäblich zermahlen wurden, wobei nur die „guten" Krümel ins Töpfchen kamen und die „schlechten" einer oft sehr ungerechten Konzept- und Methodenkritik verfielen. Manchmal wurden auch — was ebenso problematisch ist — aus Modellversuchen überhaupt keine systematischen Folgerungen abgeleitet. Es kam vielmehr entweder in einem bestimmten Stadium zum Versuchsabbruch oder auch zur mehr oder weniger unbesehenen Verbindlichmachung des Modellversuchskonzepts für den gesamten regelungsbedürftigen Bereich, wobei jeweils Erwägungen der politischen Opportunität den Ausschlag gaben.

Die zunächst verhältnismäßig unverbindlich klingende Forderung, die Erfolgsbedingungen praktischen Handelns schärfer als bisher zu reflektieren, läuft an dieser Stelle auf die konkretere und verbindlichere Forderung hinaus, in einer viel systematischeren Weise als bisher in Ungewißheitszonen des staatlichen Handelns methodisch saubere experimentelle Designs einzusetzen und ihnen dann auch — unter Einschränkung vieler liebgewordener Verhaltensweisen des politischen Alltags — diejenigen Lerneffekte abzugewinnen, die sie versprechen und die tatsächlich in ihnen stecken. In der Tat möchte ich mich — als Soziologe — hier an dieser Stelle ausdrücklich zu einem solchen Programmpunkt bekennen, wohl wissend, daß ich damit nicht nur der Praxis, sondern auch manchen meiner eigenen Kollegen einiges zumute, denen der Gedanke daran, als ‚Dienstleistungswissenschaftler' zugunsten praktisch gelagerter Problemklärungen tätig werden zu sollen, heute vielfach noch böses Magengrimmen verursacht. Dieser Programmpunkt schließt die Perspektive ein, daß die Durchführung von Modellprojekten und Begleitforschungen an öffentlich kontrollierte Durchführungsnormen gebunden wird, welche manipulative Verwendungen ausschließen (oder doch zumindest in ausreichendem Maße erschweren).

Ich befürchte nun jedoch, ich würde der Hochschule für Verwaltungswissenschaften, an welcher ich lehre, zu Recht Verdruß bereiten, wenn ich es bei einem solchen ersten Programmpunkt belassen würde. Die Probleme und Hemmnisse, die sich seiner schnellen und umfassenden

Verwirklichung in den Weg stellen, sind so offenkundig, daß es baren Utopismus bedeuten würde, alle Hoffnung auf diese eine Karte setzen zu wollen. Dies wäre sicherlich auch gar nicht unbedenklich. Experimente mit offenem Ausgang vertragen sich nicht nur schlecht mit der Logik des politischen Handelns. Sie werfen darüber hinaus auch sozialethische Probleme auf, die einer sorgfältigen Abklärung bedürfen. Außerdem müssen sie mit der gegenwärtig allenthalben beobachtbaren Verrechtlichungstendenz in Konflikt geraten, die eine Neigung zur justitiablen Entscheidungsfindung und -festlegung im Verwaltungsvollzug begünstigt, selbst wenn dies im Einzelfall auf Kosten inhaltlicher Rationalität gehen mag.

Es muß bei der Ableitung allgemeiner Feststellungen somit *zweitens* darum gehen, die Frage aufzuwerfen und zu beantworten, ob und inwieweit sich aus der Soziologie für die Sozialpolitik ein Wissensbestand gewinnen läßt, der sich unmittelbar — ohne die Dazwischenkunft immer neuer Forschungen — in das praktische Handeln einbringen läßt und der ihm somit eine vergrößerte Sicherheit bei der Formulierung sozialpolitischer Programme wie auch bei der Programmierung von Verwaltungsakten und bei der Bewältigung schwieriger Grundsatz- und Einzelangelegenheiten ermöglicht.

Methodologisch betrachtet geht es hierbei um die *induktive Generalisierung* von Einsichten, welche sich aus der bisherigen Forschung ableiten, und um ihre nachfolgende Anwendung auf den konkreten Einzelfall im Wege der Deduktion.

Man kann, kurz gesagt, davon ausgehen, daß angesichts der bisher vorliegenden Forschungen heute bereits zahlreiche generalisierte (oder zumindest generalisierbare) Einsichten vorliegen, die sich auf einer „mittleren Allgemeinheitsebene" bewegen, d. h. also für einzelne Politik- oder Programmbereiche zutreffen. Sofern der Praktiker zu diesen Dingen noch keinen Zugang hat, liegt dies auch an der mangelnden Zugänglichkeit der wissenschaftlichen Arbeitsergebnisse, oder, genauer gesagt, an ihrer mangelnden Aufbereitung zu Arbeitshilfen für die verschiedenen Handlungsfelder der Praxis. Es ist unumwunden zuzugeben, daß es hier ein schmerzliches Defizit gibt, das manchen Praktiker dazu verführt, gegenüber der Sozialwissenschaft als solcher resignativ zu werden und ihr fälschlicherweise den Bezug zu seiner alltäglichen Berufsarbeit abzusprechen.

Ich selbst kann nicht daran denken, einen solchen Mangel in diesem Augenblick im Geschwindschritt beheben zu wollen. Das einzige, was ich mir leisten kann, ist die sehr vorsichtige Formulierung einiger *‚Maximen' wissenschaftlich angeleiteten praktischen Handelns*, die sich auf einer sehr hohen Allgemeinheitsstufe bewegen, d. h. also tendenziell für alle einschlägigen Politik- und Programmbereiche und praktischen Handlungsfelder gemeinsam zutreffen.

Ich möchte gleich in medias res gehen und genehmige mir der Kürze halber eine thesenartige Formulierung:

These 1: Der entwickelte Sozialstaat, in welchem wir gegenwärtig leben, ist in seiner Effektivität immer deutlicher davon abhängig, daß er einen „Output" erzeugt, der von den angezielten Bürgern als ein Angebot von Leistungen akzeptiert wird, die im Sinne der Verfassungspostulate darauf abstellen, ihnen die vollberechtigte Entfaltung ihrer Persönlichkeit zu ermöglichen. Diese Akzeptanz seitens der Bürger ist jedoch keineswegs mit Selbstverständlichkeit gewährleistet. „Verdrossenheit", Mißtrauen, Benachteiligungsgefühle und das Gefühl, manipuliert und bevormundet zu werden, begleiten die Ausweitung der staatlichen Leistungen in einem bedenklich stimmenden Maße. Die aktuellen Bemühungen um eine vergrößerte „Bürgernähe" des Staates insgesamt, der Parteien, des Gesetzgebungsprozesses und der Behörden stellen eine grundsätzlich richtige Reaktion auf die gegebene Problematik dar. Diese Reaktion bewegt sich allerdings bisher noch allzusehr in den Denkbahnen herkömmlicher Gesetzgebungs-, Regierungs- und Verwaltungsroutinen. Klarheit, Transparenz und eine möglichste Kürze von Gesetzestexten wurde schon seit langer Zeit angestrebt; ebenso Freundlichkeit im Umgang mit dem Bürger und der Abbau überflüssiger Komplikationen des Verwaltungsverfahrens. Wenn solche Dinge heute betont werden, dann handelt es sich zunächst nur um eine Renaissance klassischer Grundsätze.

These 2: Was darüber hinaus wünschenswert ist, ist die Herbeiführung und praktische Umsetzung der fundamentalen Einsicht, daß sich in der stürmischen Entwicklung des Sozialstaats, die wir erlebt haben und immer noch erleben, qualitative Veränderungen im Verhältnis zwischen Staat und Individuum einstellen, die „anthropologischen" Tiefgang haben. Der entwickelte Sozialstaat, der in einem immer umfassender werdenden Sinne „Daseinsvorsorge" betreibt und „Lebensqualität" gewährleistet, wird zu einer immer zentraler werdenden Bezugsinstanz menschlicher Lebensaspirationen und Zukunftserwartungen. Er saugt volens nolens in einem wachsenden Maße ältere Bezugsinstanzen wie die Natur, Gott, die Familie, das Schicksal in sich auf, ohne jedoch voraussetzen zu können, daß ältere Ergebensheits-, Solidaritäts- und Pflichterfüllungsbereitschaften, die das innere Verhältnis der Menschen zu diesen Bezugsinstanzen kennzeichneten, auf ihn übertragen werden. Diese Bereitschaften gehen vielmehr weithin verloren, da die sozialstaatlichen Leistungen vorwiegend auf der Grundlage einklagbarer Rechtsansprüche gewährt werden und da, darüber hinaus, durch die miteinander konkurrierenden Parteien das Gefühl gefördert wird, der Staat könne eigentlich noch viel mehr leisten bzw. für einen selbst tun. Das heute so vielberufene „Anspruchsdenken" und die zunehmende Neigung aller Gesellschaftsangehörigen, sich irgendwie „unterprivilegiert" zu fühlen, sind insoweit sehr weitgehend ein Reflex von wert- und einstellungsbeeinflussenden Einwirkungen aus dem staatlichen Bereich selbst.

These 3: Die Einsicht in diesen fundamentalen Sachverhalt muß in die weiterführende Erkenntnis verlängert werden, daß die sozialpsychologischen Nebenwirkungen der sozialstaatlichen Tätigkeit nicht länger aus der Politik und der Verwaltungspraxis ausgeklammert bleiben dürfen. Hierbei geht es zunächst darum, unrealistische Annahmen bezüglich der mit der Entgegennahme von Hilfs- und Unterstützungsangeboten und -leistungen verbundenen Erwartungen und Erfüllungswirkungen zu überwinden. Die Unterstellung einer garantierten und durch eine Leistung administrativ „produzierbaren" Empfängerbefriedigung ist ebenso abwegig wie die entgegengesetzte Auffassung, eine Hauptaufgabe der Sozialarbeit sei schlechtweg die „Mobilisierung" oder „Aktivierung" von Anspruchsberechtigten. Die Einsicht, daß es eine „Dynamik der Bedürfnisse" gibt, in welche der Sozialstaat sowohl als Urheber wie auch als Adressat verstrickt ist, muß vielmehr in Richtung der Folgerung verarbeitet werden, daß hinsichtlich der auf der Adressatenseite auftretenden Bedingungen und Folgen der Leistungsannahme eine hochinformierte und sensibel gehandhabte Mitverantwortung gegeben ist.

These 4: Diese Mitverantwortung läßt — neben sozialpsychologischer und soziologischer Aufgeklärtheit — eine sozialpädagogische Handlungskapazität des Sozialstaats mit einer über die einzelnen Programmbereiche und -zwecke der Sozialpolitik hinausreichenden Meta-Kompetenz unabdingbar werden. Diese Meta-Kompetenz wird jedoch nicht aus dem Selbstverständnis einer Wissenschaft, sondern nur aus dem Zielverständnis und Situationsbewußtsein der sozialstaatlichen Wirksamkeit selbst ableitbar sein.

These 5: Das Zielverständnis einer aus der Mitverantwortung des Sozialstaats für die Bedingungen und Folgen der Annahme seiner Leistungen geborenen Sozialpädagogik wird Kriterien staatsinterner „Effizienz" mit solchen externer „Effektivität" zu vereinen haben. Es wird aber auch dem grundlegenden Verfassungsauftrag der Gewährleistung menschlicher „Würde" gerecht zu werden haben. Sofern diese „Würde" als „Freiheit" definiert wird, bedeutet dies eine Verpflichtung der sozialpädagogischen Handlungskapazität des Sozialstaats auf die Befähigung der Adressaten zur selbstverantwortlichen und selbstregulierenden Herstellung der Bedingungen von „Zufriedenheit". Der unter modernen Lebensbedingungen selbstverantwortlich handelnde und disponierende und zur Ausbildung von individueller Kompetenz fähige Mensch wird für eine sozialpolitisch verpflichtete Sozialpädagogik somit ein verbindliches Leitbild zu sein haben.

Philosophische und anthropologische Grundlagen moderner Sozialpolitik

Von Joachim Kopper

Die Aufgabe des philosophischen Vortrages, den die wissenschaftliche Leitung dieses Seminars so freundlich in das Programm aufgenommen hat, soll, meine ich, in einem Versuch bestehen, das Thema der Tagung „Sozialpolitik durch soziale Dienste" in eine Besinnung auf die allgemeinen Charakteristika des persönlichen und gesellschaftlichen Selbstverständnisses des Menschen in unserer Zeit hineinzustellen. Als zentralen Begriff, von dem man für eine solche Besinnnung ausgehen kann, dürfen wir in Übereinstimmung mit einer Unzahl von Diagnosen, die man über die Seinsverfassung des modernen Menschen und der modernen Gesellschaft angestellt hat, den Begriff der Wissenschaft und des wissenschaftlichen Bewußtseins herausheben. In seinen Vorlesungen über „Die Grundzüge des gegenwärtigen Zeitalters" hat Johann Gottlieb *Fichte* schon im Jahre 1804 ausgesprochen: „dieses Zeitalter ist demnach in seinem eigentlichen und abgesonderten Dasein *Begriff des Begriffes,* und trägt die Form der Wissenschaft" (5. Vorlesung). Was *Fichte* damals, in den ersten Jahren des 19. Jahrhunderts, schon als den Geist seiner Zeit erkannt hat, das hat nicht aufgehört, sich als eine das Selbstverständnis und das Weltverständnis der Menschen bestimmende Macht fortzuentwickeln und zu verstärken; alle Theorien, die das 19. und 20. Jahrhundert nicht nur über die materielle Welt, sondern vor allem auch über den Menschen und über das gesellschaftliche Sein des Menschen hervorgebracht haben, sind durch das Prinzip der Wissenschaftlichkeit bestimmt, und niemand kann sich heute aus dem Netz wissenschaftlich erkannter und erstellter Strukturen lösen, in das des Menschen ganzes Dasein in allen inneren und äußeren Bezügen von vornherein eingespannt ist. Was die Wissenschaft aber am Sein heraushebt, als das Wesentliche erkennt und für wahrhaft bestimmend erachtet, ist das Allgemeingültige, das Gesetzliche und Notwendige. Diese Allgemeingültigkeit und Notwendigkeit gibt uns sowohl die Normen für das Verständnis und damit für die Beherrschung der materiellen Natur, wie sie durch die Naturwissenschaften und durch die Technik geleistet wird und als unser selbstverständliches Verhältnis zu dieser materiellen Natur begriffen ist, als sie auch das Verständnis des Menschen von sich selbst als Person und von der Gesellschaft und auch von dem Verhältnis von Individuum und Gesellschaft bestimmt. Sowohl für die materielle Natur als auch für uns selbst und für die von uns gestaltete Welt, in der wir leben, gelingt es uns heute nicht mehr, einfach die einzelnen Dinge, die einzelnen Menschen als das ausschließlich Reale und Wirkliche zu nehmen, sondern überall drängt sich in unserem Verständnis der Dinge und der Menschen das Allgemeingültige und das Gesetz mit hinein, und wir können die Realität der Dinge und das Dasein der Menschen nicht anders fassen als so, daß wir auch das Allgemeine und das Gesetz an dieser Realität mit teilhaben lassen. Naturwissenschaften, Wirtschaftswissenschaften, technische Wissenschaften, Sozialwissenschaften, alle Disziplinen eigentlich, die zu den Fächern der alten Universität in den letzten beiden Jahrhunderten hinzugetreten sind, zeigen es an, daß das konkret Existierende in allen seinen Bereichen, — in der unbelebten Natur, in der belebten Natur, im Dasein der einzelnen Menschen, in der menschlichen Gesellschaft, — in diesem seinem konkreten Vorhandensein und Gegebensein selbst zugleich auch als in sich allgemein und als in sich gesetzlicher Natur erkannt und begriffen worden ist.

Das gilt also — rücksichtlich des Problembereiches, den wir hier zu betrachten haben — auch für den Menschen in seinem individuellen und seinem gesellschaftlichen Dasein. Auch hier können wir uns — in diesem Verständnis unser selbst und unserer Gesellschaft — nicht einfach mehr nach einem Faktum umsehen, sondern wir müssen, wenn wir die Situation recht verstehen wollen, in der wir uns selbst heute tatsächlich befinden, den Einzelnen wie die Gesellschaft wie auch das Verhältnis beider zueinander im Begriffe, in der Allgemeingültigkeit fassen und erkennen, daß hier Allgemeingültigkeit und Gesetz die Realität innerlich bestimmen. Bis ins 18. Jahrhundert hinein war der Besinnung des Menschen auf sich selbst doch immer der einzelne Mensch in seiner Einzelheit das eigentlich Wirkliche, die eigentliche Realität. Von den Einzelnen her mußte die Gesellschaft als ein Miteinanderverbundensein der Einzelnen verstanden werden. Die Gesellschaft war natürlich nicht eine bloße Summierung der Einzelnen, sie bildete ein Ganzes, hatte ihre allgemeinen, alle Glieder gleichermaßen umfassenden und bestimmenden Strukturen, Regeln und Ordnungen; aber die Basis für solche Allgemeingültigkeit und Notwendigkeit bildete immer das Dasein der Einzelnen als das eigentlich Reale und Wirkliche, von ihm aus mußten die allgemeingültigen gesellschaftlichen Strukturen und Normen erstellt und verstanden werden. Daß die Wirklichkeit des Menschen so auf eine ganz selbstverständliche Weise im einzelnen Menschen und seinem einzelnen Dasein gefunden wurde, das zeigt sich besonders deutlich etwa in dem Verständnis des Privateigentums. In der Lebensgemeinschaft der Familie kann die Einzelheit der Personen in gewissem Maße aufgehoben werden, in dem gesellschaftlichen Miteinander im Staate aber bildet die Existenz der Einzelnen die eigentliche Basis, und damit ist auch das Privateigentum die Basis für jegliche positive Rechtsordnung. Der schottische Philosoph David *Hume* schreibt hierzu in seiner „Untersuchung über die Prinzipien der Moral", die 1751 erschienen ist, das Folgende: „Bei Ehegatten unterstellen die Gesetze, daß das Bindemittel der Freundschaft so stark sei, daß sie jede Gütertrennung aufhebe, und oft hat sie wirklich die ihr zugeschriebene Stärke. Ferner kann man beobachten, daß in der Glut junger Begeisterung, wo jedes Prinzip bis zum Übermaß emporflammt, öfters Gütergemeinschaft angestrebt worden ist, und daß einzig und allein die Erfahrung ihrer Unzuträglichkeiten, entsprungen aus der wiederkehrenden oder nur verhüllten Selbstsucht der Menschen, die törichten Schwarmgeister dazu bewegen konnte, sich wieder zu den Ideen der Gerechtigkeit und des Privateigentums zu bekennen." (3. Abschn., 1. Teil) Die Einzelnen als Privateigentümer müssen nun freilich in der Gesellschaft zusammenwirken und müssen sich insofern allgemeinen Regeln und Normen unterstellen, aber diese allgemeinen Strukturen und Ordnungen sind eben Strukturen und Ordnungen für das Zusammenwirken der Einzelnen; das Dasein der Einzelnen bildet ihre Basis, und die Gesetze werden von dieser Basis aus gefunden. Der Begriff geht, wenn wir so wollen, immer vom faktisch Gegebenen aus, und das Allgemeine und das Gesetz geben noch nicht aus sich heraus Wesen und Realität der Einzelnen wie auch der Gesellschaft an. Es ist ein an das faktische Dasein der Einzelnen gebundenes Begreifen, das hier die allgemeinen Regeln erstellt, das Allgemeine fügt sich der tatsächlichen Realität der Einzelnen sozusagen nur hinzu, es macht diese Realität noch nicht ursprünglich mit aus. Daher können nach *Hume* die allgemeinen Regeln und Normen auch noch durch den gesunden Menschenverstand gefunden werden, es bedarf dazu nicht eines in sich reflektierten wissenschaftlichen Bewußtsein. „Es darf deshalb gefolgert werden, daß wir, um Gesetze für die Ordnung des Eigentums aufzustellen, die Natur und Lage des Menschen kennen müssen, daß wir den bloßen Anschein, der, wenn auch bestehend, doch falsch sein kann, von der Hand weisen und nach denjenigen Normen suchen müssen, die aufs ganze gesehen am *nützlichsten* und *segensreichsten* sind. Durchschnittlicher Verstand und mäßige Erfahrung reichen für diesen Zweck aus, vorausgesetzt, daß man keiner allzu großen Selbstsucht und keinem überspannten Enthusiasmus Raum gibt" (3. Abschn., 2. Teil).

Wenn das Wesen der Gesellschaft so von den Einzelnen und von deren Privateigentum her verstanden ist, dann kann natürlich auch die Hilfe, die das Gemeinwesen den Einzelnen gewährt, immer nur so etwas wie einen sekundären und akzidentellen Akt darstellen, der ausschließlich auf den Einzelnen als Einzelnen bezogen ist, also nicht etwa einem allgemeinen übergreifenden Begriff vom Einzelnen, von der Gesellschaft und vom Dasein der Einzelnen in der Gesellschaft entspringt. Es gibt eine moralische Verpflichtung der Einzelnen, den Einzelnen zu helfen, und es gibt auch eine gewisse rechtliche Verpflichtung des Staates, den Einzelnen in der Not zu helfen, aber immer setzt die Hilfe nur am gegebenen Falle an, sie geschieht nicht aus einem allgemeinen Begriff davon, daß wechselseitige Hilfe etwa selbst eine in sich allgemeingültige Struktur sein könne, ohne die das menschliche Dasein gar nicht verstanden und gar nicht real sein könnte, durch die es vielmehr innerlich und als solches charakterisiert und konstituiert sein müsse.

Dieses Selbst- und Weltverständnis des Menschen, in dem er sich von seinem einzelnen Dasein her begreift, geht aber schon im 18. Jahrhundert seiner Auflösung entgegen. *Rousseau* verlangt in seiner Lehre vom Gesellschaftsvertrag, daß der Wille der Einzelnen sich aufhebe, um in sich allgemeiner Wille zu werden. Dieser in sich allgemeine Wille bleibt dann freilich so etwas wie ein Postulat, und ähnlich bleibt ja auch für *Kant* der kategorische Imperativ, nach dem das in sich allgemeine Gesetz unser Handeln bestimmen soll, an den Einzelnen und sein Handeln gebunden. Hegel hat dann in seiner Rechtsphilosophie den Einzelnen und das Privateigentum noch einmal als den faktischen Anfang herausgestellt, hinter den wir in unserem Begreifen des Menschen und seiner gesellschaftlichen Situation nicht zurückgehen können, aus dem heraus allein wir uns begreifend fortentwickeln und unser Dasein in allgemeine Strukturen stellen und ihm allgemeine Bedeutung verleihen können. So bleibt hier, wenn wir es so sagen dürfen, die philosophische Reflexion hinter einer tatsächlichen Entwicklung zurück, die sich schon anbahnt und in der der Mensch in seinem Selbstverständnis über das bloße Ausgehen von seiner faktischen Einzelnheit hinausgedrängt wird.

Nun ist bei *Kant* der kategorische Imperativ allerdings bloß auf das moralische Handeln des Einzelnen bezogen. In seinen „Metaphysischen Anfangsgründen der Rechtslehre", die aus dem Jahre 1797 stammen, aber findet sich die Lehre von „dem angebornen *Gemeinbesitze* des Erdbodens und dem diesem a priori entsprechenden allgemeinen Willen eines erlaubten *Privatbesitzes* auf demselben". (§ 6) Hier wird also der Privatbesitz aus dem Gemeinbesitz verstanden, der ihm der Idee nach voraufgeht. Aber für unseren Problemkreis vielleicht noch interessanter ist, daß *Kant* in seiner Schrift „Die Religion innerhalb der Grenzen der bloßen Vernunft" über dem „rechtlichbürgerlichen" oder „politischen" Zustand noch einen „ethischbürgerlichen" Zustand ansetzt, durch den die immer noch vom Privateigentum her verstandenen Rechtsverhältnisse selbst in eine ursprüngliche soziale Verpflichtung des Menschen gestellt werden, die sich nicht vom Einzelnen her genügend verstehen läßt, sondern aus dem Gattungsbegriffe des Menschen, in dem das Dasein aller Einzelnen fundiert ist, erfaßt werden muß. „Hier haben wir nun eine Pflicht von ihrer eigenen Art nicht der Menschen gegen Menschen, sondern des menschlichen Geschlechts gegen sich selbst. Jede Gattung vernünftiger Wesen ist nämlich objektiv, in der Idee der Vernunft, zu einem gemeinschaftlichen Zwecke, nämlich der Beförderung des höchsten, als eines gemeinschaftlichen Guts, bestimmt." (3. Stück, 1. Abteilung, II)

Hier zeigt sich die Revolution der Denkungsart, die *Kant* mit Recht für seine kritische Philosophie in Anspruch genommen hat. Wir können niemals darum herumkommen, die allgemeinen Strukturen und Normen, nach denen die menschliche Gesellschaft aufzubauen ist, von den Einzelnen her aufzufassen und zu bestimmen. Aber damit ist noch nicht das ganze Verständnis geleistet. Zum „rechtlichbürgerlichen" muß noch der „ethischbürgerliche" Zustand hinzugefügt werden, in dem wir die Einzelnen aus der Gattung und aus einer ursprünglichen Verpflichtung der Gattung sich selbst als Gattung gegenüber, die als solche in sich allgemeinen und überindividuellen Wesens ist, verstehen und aus ihr leben müssen. Hier gewinnt, so scheint mir, der Gedanke des Sozialstaates sein wahres Fundament. Das Selbstverständnis des Menschen und die Überlegungen, auf die dieser Staatsgedanke sich gründet, können nicht in einer gradlinigen Entwicklung aus dem Verständnis und den Reflexionen abgeleitet werden, die den Einzelnen und sein Eigentum zum Ausgang für die Bestimmung der allgemeinen gesellschaftlichen Strukturen genommen hatten; hier soll vielmehr das Allgemeine und Überindividuelle selbst als der Anfang genommen werden, hier ist die Gemeinschaft sich selbst gegenüber verpflichtet, und aus dieser Verpflichtung und in ihr gewinnt — in dieser Rücksicht — der Einzelne allererst seine Existenz.

Von nun an tritt der soziale Gedanke als ein ausdrückliches Konstituens in die Rechtsphilosophie ein. Die soziale Verpflichtung wird nicht als eine sekundäre Struktur aus den ursprünglichen Rechtsverhältnissen abgeleitet, sondern sie konstituiert diese Verhältnisse selbst mit. Der Gedanke des an sich Allgemeinen wird damit für das rechte Verständnis des Daseins des Menschen in der Gesellschaft mit bestimmend, und die philosophische Einsicht entspricht darin einer Entwicklung, die sich auch in den tatsächlichen gesellschaftlichen Zuständen zeigt. *Fichte* hat im Rahmen der klassischen deutschen Philosophie diesem neuen Verstehen des gesellschaftlichen Daseins des Menschen wohl am deutlichsten Ausdruck gegeben. In seiner Schrift „Grundlage des Naturrechts nach Prinzipien der Wissenschaftslehre" aus dem Jahre 1796 heißt es in § 18: „Von dem Augenblick an, da jemand Not leidet, gehört keinem derjenige Teil seines Eigentums mehr an, der als Beitrag erfordert wird, um einen aus der Not zu reißen, sondern er gehört rechtlich dem Notleidenden an. Es müßten für eine solche Repartition gleich im Bürgervertrage Anstalten getroffen werden; und dieser Beitrag ist so gut Bedingung aller bürgerlichen Gerechtsame, als der Beitrag zum schützenden Körper, indem diese Unterstützung des Notleidenden selbst ein Teil des notwendigen Schutzes ist. Jeder besitzt sein Bürgereigentum nur insofern und auf die Bedingung, daß alle Staatsbürger von dem Ihrigen leben können; und es hört auf, inwiefern sie nicht leben können, und wird das Eigentum jener: es versteht sich, immer nach dem bestimmten Urteil der Staatsgewalt. Die exekutive Macht ist darüber hinaus so gut als über alle andere Zweige der Staatsverwaltung verantwortlich, und der Arme, es versteht sich, der den Bürgervertrag mit geschlossen hat, hat ein absolutes Zwangsrecht auf Unterstützung." ... „Der Vertrag lautet in dieser Rücksicht so: Jeder von allen verspricht, alles ihm mögliche zu tun, um durch die ihm zugestandenen Freiheiten und Gerechtsame leben zu können; dagegen verspricht die Gemeine, im Namen aller Einzelnen, ihm mehr abzutreten, wenn er dennoch nicht sollte leben können. Alle Einzelne machen sich für diesen Behuf zu Beiträgen verbindlich, so wie sie es zum Schutze überhaupt getan haben, und es wird eine Unterstützungsanstalt sogleich im Bürgervertrage mit getroffen, sowie eine schützende Gewalt errichtet wird. Der Beitritt zu der ersteren ist, wie der Beitritt zu der letzteren, Bedingung des Eintritts in den Staat. Die Staatsgewalt hat die Oberaufsicht über diesen Teil des Vertrages, sowie über alle Teile desselben, und Zwangsrecht sowohl als Gewalt, jeden zur Erfüllung desselben zu nötigen."

Vergleichen wir diese Theorie aus dem Jahre 1796 mit der Lehre *Humes* aus dem Jahre 1751, so sehen wir, welch bedeutsamer Wandel sich in so kurzer Zeit in Bezug auf die Bestimmung des Begriffs des Eigentums und seiner Rolle in der Konstitution der Gesellschaft vollzogen hat. Das Eigentum kann nicht mehr einfach vom Einzelnen her verstanden werden; sondern, entsprechend der Lehre *Kants* von der Idee des ursprünglichen Gemeinbesitzes, von dem her der Privatbesitz allein möglich wird und erlaubt ist, ist alles Eigentum für *Fichte* seinem Wesen nach Bürgereigentum, das von der Gemeine den Einzelnen gleichsam zur Verwaltung und Rechtsausübung übergeben ist, unter der Bedingung, daß alle Einzelnen in der Gemeine von ihrem Eigentume, ohne Not zu leiden, leben können. Hier ist das Eigentum also nicht mehr von den Einzelnen her verstanden, es ist auch nicht nur, so dürfen wir wohl sagen, von der Gesamtheit aller Einzelnen, also von der Gemeine her verstanden, es ist vielmehr auch darüber noch hinaus als in sich allgemeine Bedingung der Möglichkeit dafür genommen, daß überhaupt eine Gemeine und die Einzelnen, die sie zusammen ausmachen, in ihr existieren können. Daß der Mensch etwas zu eigen haben muß, daß er gerade als Einzelner etwas zu eigen haben muß, um als Mensch leben zu können, das wird nicht von den Einzelnen her und das wird auch nicht von ihrer Gesamtheit her verstanden, sondern das wird aus dem Verständnis der in sich allgemeinen Natur des Menschen genommen, die die Bedingung aller Individualität ist und aus der heraus das Leben jedes einzelnen Individuums immer schon so bestimmt ist, daß es an sich schon ursprüngliche Beziehung auf das Dasein der Anderen ist. Man kann vielleicht sagen, daß die allgemeinen Prinzipien und Normen der Gesellschaft bis zu *Hume* hin nur durch ein abstraktes Denken gegeben werden konnten, das die einzelnen Menschen in ihrem leiblichen Dasein als das eigentlich Reale nahm und nur Strukturen angeben wollte, nach denen diese Einzelwesen miteinander in ein System gebracht werden könnten. Dagegen geht es für *Fichte* darum, das allgemeine Wesen der menschlichen Natur, in seiner Allgemeinheit selbst und wie es vor den Individuen liegt, als das eigentlich Reale zu deklarieren, und alle individuelle Existenz nur die Darstellung und Ausführung dieses an sich Allgemeinen sein zu lassen. Das bedeutet aber, daß der Staat an sich und seinem Wesen nach Sozialstaat ist, daß er dies früher ist sozusagen, als er Rechtsstaat sein kann, daß der Rechtsstaat vielmehr nur die Durchführung und Ausführung des an sich sozialen Wesens des Staates ist. In diesem sozialen Staate kann keiner seine eigene Realität dadurch angeben, daß er auf sich als diesen Einzelnen hinweist und sich in seiner Einzelnheit zu anderen Einzelnen verhält, sondern die eigentliche Realität liegt in der menschlichen Natur, die früher ist als die Einzelnen, jedoch sich durch die Einzelnen ausführt und in ihnen konkrete Gestalt gibt. Daher kann das Verhältnis der Einzelnen zueinander jetzt auch nicht mehr einfach von ihrer Einzelnheit her bestimmt werden und es einfach nur in die Freiheit und den Willen des Einzelnen gestellt und durch ihn verstanden werden, wie er sich zu seinen Mitmenschen zu verhalten habe. Vielmehr stehen alle Einzelnen miteinander unter einer allgemeinen Bestimmung, die früher ist als ihr individueller Wille und die sie durch ihren individuellen Willen vollziehen. Daß dem Einzelnen, der in der Gesellschaft Not leidet, geholfen werden müsse, das verlangt nicht Leistungen, zu denen die abstrakte Staatsgewalt die Einzelnen verpflichtet, sondern das liegt in der in sich allgemeinen Realität des menschlichen Daseins selbst, und das Dasein der Einzelnen ist selbst recht eigentlich nur real, wenn es durch sich diesem allgemeinen Anspruch, durch den es selbst konstituiert ist, entspricht. Es hilft sozusagen nicht der Einzelne dem Einzelnen, und es nimmt umgekehrt auch nicht der Einzelne als Einzelner die Hilfe anderer Einzelner oder der abstrakten Staatsmacht entgegen, sondern das Dasein des Einzelnen ist in beiden Fällen nur der Ausdruck und die Durchführung eines allgemeingültigen Gesetzes, das die Natur des Menschseins selbst ausmacht. Es kann also niemand auf sich als auf das eigentlich reale menschliche Sein verweisen und sagen, er habe sich bereit gefunden, andere zu unterstützen, er habe durch seine Arbeit usw. andere durchschleppen helfen usf.; es kann aber auch niemand annehmen, er als dieser Einzelne dürfe alle Hilfe der Anderen und des Staates auf sich als das Zentrum der Realität beziehen, um ihn als diesen eigentlich Realen gehe es, — sondern auch er muß erkennen, daß sich an seiner Existenz ein Prozeß erfüllt, der auch über alles individuelle Dasein hinausgreift und ein Gesetz bedeutet, von dem alles individuelle Dasein nur die Ausführung und Durchführung ist.

Es zeigt sich an dieser Stelle deutlich, daß das Verständnis des Menschen von sich selbst im 19. und im 20. Jahrhundert zu einem dialektischen Verständnis werden mußte und daß diese Dialektik sich in gewisser Weise auch in der faktischen gesellschaftlichen Entwicklung ausprägen mußte. Im Denken des 19. Jahrhundert gelangt der Mensch dazu, sich selbst in seinem individuellen Dasein zu dem allgemeinen Wesen des Menschseins in Beziehung zu setzen. Dies gilt nicht nur für die philosophische Reflexion im engeren Sinne des Wortes, sondern für die Grundhaltung der Menschen in ihrem Selbstverständnis überhaupt. Im 18. Jahrhundert nimmt der Mensch sich noch selbst als diesen Einzelnen. Als Einzelner ist er verpflichtet, anderen Menschen in der Not beizustehen, und diese Anderen nehmen die Hilfe ihrerseits als Einzelne entgegen. So verhält es sich im 19. Jahrhundert und bis in unsere Zeit hinein nicht mehr. Der Einzelne weiß sich in seinem Dasein unmittelbar in ein Verhältnis zum Wesen der Menschheit gesetzt, sein Dasein bekommt damit für ihn selbst notwendigerweise eine unbedingte und allgemeine Bedeutung, die im Selbstverständnis des Menschen des 18. Jahrhundert so noch gar nicht liegen konnte. Der moderne Mensch weiß durch sich ein Absolutes, er weiß die Menschheit als durch sich, durch diesen Einzelnen geschehend. Dieses Bewußtsein kann er nicht mehr verleugnen, er hat es, und er ist durch es bestimmt. Die Dialektik aber, die hier nun unvermeidlich entspringen muß, liegt darin, ob er sein einzelnes Dasein in dieser Situation in der Bescheidenheit den Ausdruck der absoluten Mission, die er durch es geschehen weiß, sein läßt, oder ob er für diese seine in der Einzelheit gelebte Existenz den Anspruch erhebt, daß sie selbst als solche in ihrer Einzelheit absolute Geltung und Bedeutung für ihn selbst und für die Anderen habe. In diesem Falle tritt die soziale Gesinnung in eine Perversion ein, wie sie dem Menschen, solange er sich in seinem Selbstverständnis damit begnügte, einfach bloß Individuum zu sein, gar nicht begegnen konnte. Diese Perversion kann sowohl die einzelnen Individuen wie die Staatsmacht betreffen, und in ihr können sich die Individuen sowohl als die, die helfen, als auch als die, die Hilfe empfangen, gegen ihre eigene Natur kehren, diese ihre Natur gegen sich selbst sich kehren lassen. Nun erst wird es möglich, daß sowohl der Gebende als der Empfangende dadurch, daß er das absolute Wesen der Menschheit in sich als diesem Einzelnen zentriert sieht, sich selbst einen unbedingten Wert beimißt und den Anderen, dem er helfen soll oder von dem er Hilfe empfängt, als in seinem Sein gegen ihn selbst gekehrt, als seinen Konkurrenten im Menschsein empfindet, den er durch sein Verhältnis zu ihm gerade vernichten und endgültig beseitigen müsse.

Solange sich der Mensch selbst nur als Individuum verstand, solange erhob er in seinem Verhältnis zu den Anderen auch nur als Individuum einen Anspruch. Er konnte anderen Einzelnen in guter Gesinnung gern und willig helfen oder er konnte es widerwillig und mit dem Wunsche, sich der Bettler entledigen zu können, tun, in beiden Fällen ging es doch immer nur um das Verhältnis von Einzelnen zu Einzelnen und um die Affekte, die er als Einzelner anderen Einzelnen gegenüber in besonderen Situationen empfand. Der moderne Mensch des 19. und 20. Jahrhunderts aber lebt in sich und in seinen Affekten das allgemeine Wesen der Menschheit, und wenn er sein einzelnes Dasein nicht in der Bescheidenheit als Ausführung und Durchführung dieses allgemeinen und in sich gesetzlichen Wesens der Menschheit geschehen läßt, dann erhebt er für sich den unbedingten Anspruch, der zugleich auf die Demütigung und Erniedrigung der Anderen, ja auf ihre Vernichtung ausgehen muß, und dies nicht nur in bezug auf den einzelnen Anderen, zu dem er gerade in ein Verhältnis gesetzt ist, sondern in bezug auf alle Anderen, die nicht sein dürfen und für ihn nicht sein können, solange er selbst die Menschheit durch sich inkarniert. In diesem Sinne haben die Ideologen des 19. Jahrhundert die soziale Natur des Menschen oft als den unbedingten Anspruch, der sich gegen die Anderen richtet, verstanden und ausgelegt. *Nietzsche* stellt es dar, daß der eigentliche Mensch eine Wohltat nicht empfangen könne, ohne von einem Haß gegen den Geber erfüllt zu werden, der letztlich nicht nur die Vernichtung dieses Gebers selbst, sondern aller, die jemals Geber sein könnten, intendiert, da nur so die unendliche Demütigung, die das bloße Ansinnen, eine Gabe anzunehmen, für den Bedürftigen bedeutet, endgültig abgewaschen werden könne. Hier zeigt sich der unendliche Anspruch, den der Einzelne für sich selbst erhebt; der es ihn nicht ertragen läßt, daß er in den Augen der Anderen als der Hilfsbedürftige erschienen ist, und der es ihn nicht dulden läßt, daß der Andere und alle möglichen Anderen, die ihm auf diese Weise — wie er es sich vorstellt — begegnen könnten, neben ihm noch existieren. In ähnlicher Weise hat noch *Sartre* in seinem Hauptwerk „Das Sein und das Nichts" um 1940 das „Seinfür-den-Andern" dargestellt. Und hier müssen wir auch die Theorie des Klassenkampfes erwähnen, die ja auch darauf beruht, daß der Gedanke von der in sich allgemeinen Natur seines Wesens in das Selbstverständnis des Menschen ausdrücklich eingetreten ist. Hier erweitert sich der Einzelne zu der besonderen Gruppe, zu der Klasse, die es für sich verlangt, die Inkarnation des in sich absoluten und gesetzlichen Wesens der Menschheit zu sein und die es — ihrem Verständnis des Menschen nach — nicht dulden kann, jemals durch das Empfangenmüssen von Almosen erniedrigt worden zu sein, sondern vielmehr die Vernichtung derjenigen suchen muß, die die Ausgebeuteten, die das wahre Wesen der Menschheit durch sich darstellen, in unendlicher Weise gedemütigt und verächtlich gemacht haben.

Daß diese Ideologien nicht nur bloße Theorien sind, sondern in der Tat das Selbstverständnis des modernen Menschen charakterisieren können, hat die Geschichte erwiesen. Es mag sein, daß jenes Sichkehren des Menschen gegen sich selbst, wie es dem modernen Menschen möglich geworden ist, immer nur in der Unaufrichtigkeit erfolgen kann, Wirklichkeit ist es gleichwohl geworden. Und etwas von dieser Verkehrung, die die anderen verachten läßt und zwar schlechthin verachten läßt, und dies sowohl von der Seite der Gebenden wie von der Seite der Empfangenden, mag heute wohl alle Bemühungen der Sozialpolitik, wie sie in ihrem echten Selbstverständnis doch gerade erst in unserer Zeit möglich wird, durchgängig begleiten. Der Einzelne vermag mit seinem Dasein den unbedingten Anspruch zu verbinden, und damit ist die unbedingte Verachtung des Anderen, den er um seiner selbst willen neben sich nicht dulden kann, gegeben. In solcher Haltung wird nicht nur der, den der soziale Staat zum Geben heranzieht, den Bedürftigen schlechthin verachten, sondern der Bedürftige, dem der Staat gibt, wird auch seinerseits meinen, daß ihm schlechthin alles geschuldet sei, daß er geradezu verpflichtet sei, immer noch mehr zu verlangen und überdem den Staat, der ihm gibt, auch noch verachten müsse, an seiner Destruktion als Glied der Gruppe der Entrechteten mitarbeiten müsse.

Diese Dialektik, in der mit der rechten Einsicht zugleich auch schon die Möglichkeit und die Wirklichkeit der totalen Verkehrung mitgebracht wird, scheint fast unaufhebbar. Nur darauf können wir unsere Hoffnung gründen, daß diese Verkehrung nicht ohne Unaufrichtigkeit geschehen kann und so vielleicht die Möglichkeit besteht, durch eine Erziehung, die auf ein besseres und deutlicheres Selbstverständnis des Menschen ausgeht, dafür mit zu sorgen, daß Einsicht den, wenn wir so sagen wollen, bösen Willen in der Gesellschaft mehr und mehr zurückdränge. Wir können heute nicht mehr glauben, daß die Einsicht allein zulange, uns von dem bösen Willen, von dem Hang zum Bösen zu befreien, in dem sich unsere auf das Absolute gehende Natur der Schwäche überläßt, sich im Selbstgenuß des Einzelnen zu suchen. Aber die rechte Einsicht, wie sie durch Erziehung und Miteinandersein gefördert wird, kann doch helfen, diesen Hang zu überwinden. Entscheidend ist, daß dabei im Staate immer dies Bewußtsein wach und lebendig bleibe: nicht einfach die Einzelnen sind es, die — vermittelst des Staates — Einzelnen geben oder von ihnen empfangen; sondern die wechselseitige Hilfe ist eine Tat, durch die die Menschheit in ihrem allgemeinen Wesen sich für sich selber erfüllt, indem sie sich durch das Tun der Einzelnen durchführt. Geben und Empfangen, aber auch Schuld und Verdienst und vieles andere können nicht einfach dem Einzelnen zugewiesen und an ihm festgemacht werden, geschweige denn, daß sich der Einzelne in ihnen eine unbedingte Seinsbedeutung anmaßen darf. Überall verhält sich das allgemeine menschliche Wesen zu sich selber, indem es sich durch die Einzelnen ausführt, so daß der Gebende den Empfangenden, der Verdienstvolle den Schuldigen usw. auch in sich mitträgt, sofern doch *ein* Geschehen sie alle umfaßt. Diese Situation gilt es in der Bescheidenheit zu tragen und dadurch wahrhaft gemeinsam zu sein.

Wir können und dürfen einander nicht unter dem Gedanken des Anspruches begegnen, der, aus der Situation unseres Selbstverständnisses heraus, immer nur ein totaler sein kann und letztlich die Vernichtung der Anderen, seien sie die Gebenden oder die Nehmenden, als sein Ziel in sich einbeschließen muß. Wir müssen uns vielmehr eben aus der Erfahrung des Absoluten heraus, in der wir uns verstehen, in die radikale Bescheidenheit stellen, daß alles, was das Individuum ist und besitzt, ihm eigentlich nur aus dem umfassenden Gemeinsamsein heraus für seine besondere Existenz zugestanden ist, und daß es in dem, was es ist und besitzt, immer auf dieses Gemeinsamsein bezogen bleibt. Der große sozialistische Denker *Pierre-Joseph Proudhon* ist in seiner 1840 erschienenen Schrift „Was ist das Eigentum" dieser Verkehrung des Selbstbewußtseins in dem Anspruchsgedanken noch radikaler entgegengetreten und hat es ausgesprochen, daß wir alle als Individuen, gleich welche Position wir im Laufe unseres Lebens in der Gesellschaft einnehmen können, uns der Hilfe Anderer verdanken, die immer die erste Voraussetzung unseres Daseins bleibt, die wir nie ausgleichen können, da wir vielmehr unsere Existenz aus ihr haben, und die von uns diese unbedingte Haltung der Demut verlangt, aus der wir allein geben und helfen dürfen und aus der wir auch allein recht empfangen können. In dieser Demut müssen wir uns immer als Schuldner fühlen und können über alles, was wir besitzen, nur in solchem Selbstverständnis verfügen. *Proudhon* sagte: „Wir verbrauchen, bevor wir produzieren: am Ende des Tages kann der Arbeiter sagen: Ich habe meine Schuld von gestern bezahlt, morgen werde ich meine Schuld von heute bezahlen. In jedem Augenblick seines Lebens hat das Glied der Gesellschaft sein laufendes Konto schon überzogen, er stirbt, ohne daß er es hätte auffüllen können: wie könnte er zu einem Guthaben kommen?" (3. Kap. § 8). So ergibt es sich für *Proudhon,* daß die abstrakte Gerechtigkeit und der abstrakte Gedanke der Gleichheit, die jenem unendlichen Anspruch, den der Einzelne im pervertierten Selbstverständnis stellt, keineswegs entgegentreten können, da sie vielmehr selbst den einzelnen Menschen als das eigentliche Reale zur Basis nehmen, in einer Gerechtigkeit und einer Gleichheit von in sich charismatischer Natur — *Kants* Lehre von „dem ethischen *gemeinen Wesen*" entsprechend — begründet werden müssen. Die positive Gesetzgebung wird freilich nach abstrakten Regeln und Normen vollzogen werden müssen, aber diese Regeln dürfen nur die Ausführung eines Wissens sein, in dem alle Einzelnen aus dem ursprünglichen Gemeinsamsein verstanden sind: der abstrakte Ausgleich muß die Durchführung des charismatischen Wissens darum sein, daß alles Unterschiedensein doch aus einem ursprünglichen Gleichsein und Gemeinsamsein verstanden werden muß. *Proudhon* sagt: „Diese Gleichheit beschränkt die Kraft des sozialen Gefühls nicht auf die Grenzen von *Soll* und *Haben;* der Geist des Wohltuns und der Liebe erstreckt sich darüber hinaus; und, wenn die Waage der wirtschaftlichen Rücksichten ihre Balance gefunden hat, dann beginnt die Seele ihrer eigenen Gerechtigkeit zu genießen, und das Herz öffnet sich in der Unendlichkeit seiner Liebe" (5. Kap., 1. Teil, § 3). Die Einsicht in diese Situation muß wohl auch bei den für die Sozialpolitik des Staates Verantwortlichen selbst die Basis bilden, von der aus allein sie richtig in die gesellschaftlichen Verhältnisse hineinwirken und sie beeinflussen können. Mag dann an den Maßnahmen auch immer wieder zu korrigieren sein, so wird doch die Richtung nicht verfehlt werden. Diese Richtung aber wird durch jene Bescheidenheit angegeben, zu der auch die Verantwortlichen selbst sich bekennen müssen, daß das gesellschaftliche Geschehen ein in sich allgemeines Geschehen sei, das durch die Individuen seine Durchführung findet, auch durch die, die für die Sozialpolitik verantwortlich sind und die das Sozialrecht geben, denen es übertragen ist, die innere allgemeine Bedeutung des sozialen Wesens in die rationalen Strukturen, nach denen die Gesellschaft geordnet ist, zu übersetzen.

Die Bestimmung des Inhalts von sozialen Dienst- und Sachleistungen

Von Peter Krause

Die sozialen Dienst- und Sachleistungen (§ 11 SGB-AT) sind rechtlich selten klar normiert. Sie sind regelmäßig zweckgerichtet und als Instrumente der Zweckerfüllung definiert. Die Zwecke, denen sie dienen sollen, sind indessen mannigfaltig und weisen selten scharfe Konturen auf, so daß sie der Aufgabe, den Inhalt der Sach- und Dienstleistungen zu konkretisieren, nur in geringem Maße genügen können. Überdies durchdringen verschiedene Zwecke einander häufig, die nicht in vollem Umfang miteinander vereinbar sind, sie verbinden sich zudem mit Nebenzwecken, von denen evident ist, daß sie nur mit großen Schwierigkeiten harmonisiert werden können. Paradigmatisch für solche Überlagerungen ist § 33 SGB-AT: „Ist der Inhalt von Rechten oder Pflichten nach Art oder Umfang nicht im einzelnen bestimmt, sind bei ihrer Ausgestaltung die persönlichen Verhältnisse des Berechtigten oder Verpflichteten, sein Bedarf und seine Leistungsfähigkeit sowie die örtlichen Verhältnisse zu berücksichtigen, soweit Rechtsvorschriften nicht entgegenstehen. Dabei soll den Wünschen des Berechtigten oder Verpflichteten entsprochen werden, soweit sie angemessen sind."

Die Verwaltungsrechtsdogmatik hat sich der Aufgabe, Handlungsalternativen unter Zweckgesichtspunkten zu bestimmen, bislang noch nicht recht zugewandt[1]. Ansätze finden sich in der Begrenzung der Ermessensspielräume[2] und im Hinblick auf das Verhältnismäßigkeitsprinzip[3].

Versuche, ein positives Verwaltungsrecht im Sinne eines Zweckprogramms zu entwickeln, welches den Schluß vom Zweck auf die Mittel zuläßt, sind bislang gescheitert[4]. Die materiellen Zweckgesichtspunkte

---

[1] Vgl. zur Problematik *Luhmann*, Zweckbegriff und Systemrationalität, 1968, S. 130; *Ellwein*, Zur Entwicklung der öffentlichen Aufgaben, DÖV 1972, S. 13; *Leisner*, Effizienz als Rechtsprinzip, 1971, S. 16; *Brohm*, VVDStRL 30 (1972), S. 265; *Bachof*, ebd., S. 223.

[2] Vgl. *Werner Hoppe*, Das Ermessen bei der Erteilung baurechtlicher Ausnahmen und Befreiungen, DVBl. 1969, S. 340 ff. (343).

[3] Vgl. *Rüfner*, NJW 1978, 1662.

[4] *Walter Schmidt*, AöR Bd. 96 (1971), S. 333; vgl. auch *Simon*, Das Verwaltungshandeln, 1955, S. 45; fragwürdig *Luhmann*, Legitimation durch Verfahren, 1969, S. 208.

formulieren das Programmierungsproblem, ohne zu programmieren, weil sie die Frage offenlassen, welches das günstigste Mittel ist, die sich allein unter Einbeziehung nicht antizipierbarer Nebenfolgen, d. h. weiterer Zweckgesichtspunkte, rational entscheiden läßt[5]. Die zahlreichen Zielaspekte können normativ nicht so koordiniert werden, daß sie als Zwecke bestimmte Mittel heiligen[6]. Die Absonderung der Verwaltung als einer speziellen Art staatlicher Tätigkeit i. S. der Gewaltenteilung[7] hat sich in enger Verbindung mit der Erkenntnis vollzogen, daß die Bindung der staatlichen Tätigkeit durch inhaltliche Zwecke mißlingt, weil sie entweder zu einer Hypertrophie der Machthaber oder zur Zersetzung staatlicher Gewalt führt, und daß andere Bindungen notwendig sind, um den Rechtsstaat zu gewinnen[8]. Die Verwaltung ist so wenig wie der Staat als Instrument zu definieren[9].

Der Rechtsstaat bindet die Verwaltungstätigkeit daher inhaltlich nicht, indem er sie als Handeln auf bestimmte Zwecke verpflichtet, sondern indem er sie als Folge in einem Konditionalprogramm nach dem Schema: „Jedesmal wenn ... dann ...!" eintreten läßt[10]. Er definiert die Tätigkeiten der Verwaltung als Vollzug einer konditional formulierten Verhaltensnorm und knüpft in gleicher Weise an sie Rechtsfolgen an, indem er sie zu Tatbestandsmerkmalen einer weiteren normativen Regelung macht. Den Vorrang besitzen die Verhaltensnormen[11], die das Handeln der Verwaltung vorgreifend bestimmen, wohingegen die Rechtsfolgenormen, die das Verwaltungshandeln retrospektiv bewerten, als sekundäre Regelungen von jenen her zu entwickeln sind[12].

Die Mechanismen versagen, wo es gilt, die staatlichen Sach- und Dienstleistungen final zu programmieren.

Die Ziele der sozialen Dienst- und Sachleistungen lassen sich überdies nur in einigen Fällen eindeutig abschichten. Das Ziel der Heilbehandlung wird zwar selten ausdrücklich genannt, es ergibt sich indessen aus dem Wesen der Sache, es besteht in der Heilung oder Lin-

---

[5] *Simon*, Verwaltungshandeln, S. 45; *Walter Schmidt*, AöR 1971, S. 333.

[6] *Luhmann*, Zweckbegriff, S. 29, 186; dazu *Walter Schmidt* (Anm. 5).

[7] *Erich Kaufmann*, Verwaltung und Verwaltungsrecht, in: Stengel-Fleischmann, Wörterbuch des deutschen Staats- und Verwaltungsrechts, 3. Bd., 2. Aufl. 1914, S. 689.

[8] *Walter Schmidt*, AöR 1971, S. 323; *Luhmann*, Zweckbegriff, S. 41, 63 ff.; *Leisner*, Effizienz, S. 36; zur Aporie des Zweckbegriffs auch *Brohm*, VVDStRL 30 (1972), S. 275 ff.

[9] *Krüger*, Allgemeine Staatslehre, 2. Aufl. 1966, insbes. S. 960 ff., passim.

[10] *Giacometti*, Allgemeine Lehren des rechtsstaatlichen Verwaltungsrechts, Bd. 1, Zürich 1960, S. 54.

[11] *Nawiasky*, Allgemeine Rechtslehre als System der rechtlichen Grundbegriffe, 2. Aufl. 1948, S. 13 f.; *Bettermann*, VVDStRL Bd. 17 (1959), S. 118 ff. (120).

[12] Vgl. auch *Krause*, Rechtsformen des Verwaltungshandelns, 1974, S. 18 ff.

derung der Krankheit; in diesem Sinne lassen sich etwa § 182 RVO und § 12 KVLG verstehen. § 556 RVO spricht eigens davon, die durch den Arbeitsunfall verursachte Körperverletzung oder Gesundheitsstörung zu beseitigen oder zu bessern (vgl. auch §§ 10—24 a BVG, § 37 BSHG). Eine weitere Konkretisierung folgt insofern aus dem Restitutionsprinzip, es ist der status quo ante wieder herzustellen. Wann jedoch im übrigen Heilung eingetreten ist, steht nicht eindeutig fest, es bedarf einer Definition der Gesundheit, und sie ist bislang kaum gelungen, wenn man nicht der Definition der WHO folgen will, wonach Gesundheit seelisches, körperliches und soziales Wohlbefinden bedeutet[13]. Auch das Ziel der Rehabilitation scheint festzustehen, sie ist auf Wiederherstellung der Leistungsfähigkeit teils generell, teils im Hinblick auf Erwerb gerichtet, das Rehabilitationsangleichungsgesetz fordert „die medizinischen, berufsfördernden und ergänzenden Maßnahmen zur Rehabilitation" ... „darauf auszurichten, körperlich, geistig oder seelisch Behinderte möglichst auf Dauer in Arbeit, Beruf und Gesellschaft einzugliedern", wiederum ein außerordentlich weites Feld (§ 1 RehaG). Das Krankenversicherungsrecht schränkt die Instrumente ein (vgl. § 182 Abs. 1 Buchst. e RVO), nach dem Unfallversicherungsrecht soll die Berufshilfe „den Verletzten nach seiner Leistungsfähigkeit und unter Berücksichtigung seiner Eignung, Neigung und bisherigen Tätigkeit möglichst auf Dauer beruflich eingliedern", zudem wird das Instrumentarium der Berufshilfe näher konkretisiert (§ 567 RVO). Doch geht die Berufshilfe über den Umfang der Naturalrestitution hinaus, sie schließt auch den Aufstieg im Beruf ein (§ 556 Abs. 1 Nr. 2 RVO). Die Rehabilitation nach dem Rentenversicherungsrecht soll die gefährdete oder geminderte Erwerbsfähigkeit erhalten, wesentlich bessern oder wiederherstellen (§ 1236 Abs. 1 RVO), auch hier finden sich Konkretisierungen der Mittel (vgl. § 1237 a RVO); außerdem ist diese Rehabilitation stärker am vorherigen Zustand ausgerichtet.

Ausbildungshilfe erfolgt in der Regel durch Geldleistungen, einer Konkretisierung von Sach- und Dienstleistungen durch das Ausbildungsziel bedarf es daher nicht; es geht nur darum, ob und in welchem Umfang die finanzielle Unterstützung zu gewähren ist. Das Gesetz bedient sich dazu der Form von Konditionalnormen.

Für den übrigen Bereich der sozialen Sach- und Dienstleistungen bleiben die Zwecke wesentlich unschärfer. Paradigmatisch ist schon die Hilfe zur Wiedereingliederung in die Gemeinschaft (vgl. §§ 40 Abs. 1 Nr. 5; 72 Abs. 3; 75 BSHG), weil kaum je festgestellt werden kann,

---

[13] Zur Problematik einer solch weitgreifenden Formulierung im Hinblick auf die Freiheit des Hilfsbedürftigen vgl. *Krause*, Empfiehlt es sich, soziale Pflege- und Betreuungsverhältnisse gesetzlich zu regeln? Vhdg. d. 52. DJT, 1978 Gutachten S. E 116 f. m. Anm. 312.

wann die Wiedereingliederung erreicht worden ist. Die Problematik wächst ins Unermeßliche, wo die Dienst- und Sachleistungen nicht mehr zielgerichtet sind, sondern sich in sich selbst erschöpfen, wie Beratung, Erziehung oder Pflege. Der Versuch des Jugendhilferechts, die Erziehungsziele zu formulieren, um dadurch die Maßnahmen der Erziehung zu bestimmen, sie gar noch auf das Zweckmäßige und Erforderliche zu beziehen und durch das Notwendige zu begrenzen, mutet zumindest zweifelhaft an. Pflege jedenfalls erschöpft sich in sich selbst. Ihren Zweck zu konkretisieren erscheint kaum möglich.

Wenn das Heimgesetz nach dem Entwurf des Bundesrates sicherstellen sollte, „daß in den Einrichtungen ... das leibliche, geistige und seelische Wohl der Bewohner gewährleistet ist"[14], dann sollte damit wohl nicht der primäre Zweck der Pflege positiv bestimmt, sondern sollten eher negativ abträgliche Maßnahmen und Zustände untersagt werden; und trotzdem wurde die Zielsetzung von allen Beteiligten wegen ihrer hypertrophen Formulierung herb kritisiert und deshalb — wohl zu Recht — nicht Gesetz.

Ungeachtet dessen, ob die Zwecke der sozialen Dienst- und Sachleistungen klar abgeschichtet werden können oder nicht, bedarf es zu ihrer Konkretisierung eines allgemein anerkannten Leistungsniveaus, an dem sie gemessen werden können.

Nach § 243 BGB hat derjenige, der eine nur der Gattung nach bestimmte Sache schuldet, eine Sache mittlerer Art und Güte zu leisten, d. h. die nach der Verkehrsauffassung marktübliche Qualität.

Für Dienstleistungen fehlt es bereits im Privatrecht an einer entsprechenden Formulierung. Es bleibt den Vertragsparteien überlassen, ihre Erwartungen einander anzunähern, dazu dienen die Direktionsbefugnis des Arbeitgebers, Probezeiten, standardisierte Ausbildungsgänge, Leistungslohn und vieles andere mehr. Es ist offensichtlich, daß die privatrechtlichen Instrumente für die nähere Bestimmung des Inhalts von sozialen Sach- und Dienstleistungen untauglich sind. Weder der Markt noch die Einigung zwischen Sozialleistungsträger und Sozialleistungsempfänger kann das soziale Leistungsniveau verbindlich festsetzen. Verfahren, die eine derartige Bestimmung sichern, sind nur rudimentär entwickelt. Es liegt im Wesen unserer Zeit, die Antwort bei Sachverständigen aus der Wissenschaft zu suchen. Indessen können sie nur prüfen, ob Dienst oder Sache dem geforderten Anspruch genügen, sie können allenfalls noch zusätzlich feststellen, wie der Anspruch im Hinblick auf einen bestimmten Leistungsinhalt ausgestaltet sein muß; es wäre jedoch verfehlt, von Sachverständigen die Auskunft darüber zu verlangen, welches Maß an Gesundheit, welches Maß an Betreuung,

---

[14] Vgl. dazu *Krause*, Gutachten zum 52. DJT 1978, S. 116 f. m. Anm. 312.

welches Maß an Information der Sozialleistungsträger schuldet und welches Maß an Anstrengung, Arbeitseinsatz, Überwindung von Hemmnissen und Widrigkeiten und Unterdrückung von Schmerz vom Sozialleistungsempfänger erwartet werden muß. Hier handelt es sich um eine sozialpolitische Entscheidung, die letztlich als solche — d. h. politisch — getroffen werden muß. Der Experte ist dazu kaum in der Lage, er ist jedenfalls nicht dazu berufen, anstelle der politischen Organe das Niveau der Dienst- und Sachleistungen verbindlich zu bestimmen.

Die Abwälzung der Entscheidung auf die Experten braucht jedoch nicht eine Verlagerung auf die „wertfreie Wissenschaft" zu sein, die als solche notwendig scheitern muß. Sie kann auch ein gewachsenes Standesethos einer Berufsgruppe in Anspruch nehmen, das ist unbedenklich und zulässig. Allerdings setzt es voraus, daß es ein solches gewachsenes Standesethos gibt, mit dem der Sozialgesetzgeber rechnen kann. Die Kompetenzzuweisung wird aber unberechenbar, wenn das Standesethos verloren geht oder noch nicht — wenigstens nicht im Hinblick auf das wünschenswerte Leistungsniveau — entwickelt ist, sie wird damit demokratisch und rechtsstaatlich unerträglich und zieht die Gefahr nach sich, daß die zur Konkretisierung berufenen Berufsvertreter unter dem Vorwand wertfreier Wissenschaft willkürlich hypertrophe, einseitige oder unterwertige Leistungsinhalte festsetzen, die dem auf Sozialleistungen Angewiesenen die Freiheit seiner Entwicklung nehmen oder ihm Leistungen, die ihm zustehen, vorenthalten.

Die Zuweisung der Entscheidung an die Experten hat allerdings — wenn sie möglich ist — einen bedeutsamen Vorzug für sich. Soziale Dienste sind nicht von Einrichtungen zu leisten, sie erfordern menschlichen Einsatz, und zwar nicht allein deswegen, weil letztlich alles Handeln der Gemeinschaft nur durch Individuen möglich ist, sondern weil sie in der Regel eine mitmenschliche Zuwendung einschließen und vom Empfänger nur ertragen werden können, wenn ein mitmenschliches Verhältnis zwischen ihm und dem Betreuer entsteht. Die schlichte Erfüllung von Rechtspflichten erlaubt zwar Sachlichkeit, sie nimmt aber leicht den Anschein von apparativer Unpersönlichkeit an, die keineswegs eine Steigerung der Leistungsqualität, sondern oft ein teurer Kaufpreis für technisch hochentwickelte Einrichtungen ist.

Wahre Mitmenschlichkeit und echte Spontaneität im sozialen Dienstleistungsverhältnis kann sich in der Regel nur entwickeln, wenn der Betreuer mehr leistet, als er muß, wenn er in seiner eigenen Verantwortung angesprochen ist und einen Freiraum von Entscheidungen besitzt, m. a. W. wenn ihm ein Mindestmaß an Konkretisierungsfunktion zugemessen wird. Eine zu weit getriebene Verrechtlichung muß die

Spontaneität ersticken. Freiräume für den Betreuer aber sind im demokratischen Rechtsstaat für den Betreuten und die Gemeinschaft nur erträglich, wenn ihre Ausfüllung berechenbar ist, d. h. wenn der Betreuer sozial- und standesethisch gebunden bleibt. Damit stößt der Pluralismus sozialer Hilfen auf eine immanente Grenze, er stellt sich jedenfalls in dem Augenblick in Frage, wo er Mittel der Gemeinschaft in Anspruch nimmt und zugleich den auf soziale Dienst- und Sachleistungen angewiesenen Mitmenschen in seiner Freiheit betrifft, ohne sich noch einigermaßen verläßlich an ein bestimmtes, „normales", gewachsenes (herkömmliches) „Ideal" menschlicher Entfaltung und an ein allgemein anerkanntes Leistungsniveau zu binden und ihm verpflichtet zu bleiben. Die Eröffnung von Freiheit für die Betreuer erträgt nur mittlere Herausforderungen, anderenfalls wird sie zur Herrschaft über Haushaltmittel und die Betreuten, die rechtlich kontrolliert und eingebunden werden muß.

Unsere Gesellschaft ist in hohem Maße gegenüber sozialer Abhängigkeit sensibilisiert, ihr erscheint es unerträglich, daß es Menschen gibt, die sozial schwach und auf Hilfe angewiesen sind; sie sucht die Situation der Zukurzgekommenen an die der Privilegierten anzugleichen. Das erklärt ihre Präferenz für monetär-ökonomische Egalität, es erklärt auch, daß sie sich den gängigen Privatrechtsverhältnissen besonders zuwendet, in denen ein Mensch durch die Zufälligkeit der ökonomischen Verhältnisse als Mieter oder Arbeitnehmer in Abhängigkeit gerät. Hier hat sie in hohem Maße für sozialen Schutz gesorgt. Sie kann es jedoch nicht in gleichem Maße verarbeiten, daß es Menschen gibt, die ungeachtet der ökonomischen Ausstattung auf soziale Dienste angewiesen sind und mitmenschlicher Hilfe bedürfen. Sie verdrängt deren Abhängigkeit weitgehend aus ihrem Blick und verweist sie auf Institutionen, ohne zu fragen, ob diese die erforderlichen Hilfen in einer Weise gewähren, die der Würde der Hilfsbedürftigen in vollem Umfang gerecht wird.

Ihr Befremden darüber, daß es unaufhebbare Abhängigkeitsverhältnisse gibt, seien sie zeitlich begrenzt, wie das der Kinder oder des heilbar Kranken, seien sie unaufhebbar, wie das des unheilbar Kranken und des Behinderten, teilt sich denen mit, die in diesen Abhängigkeitsverhältnissen begegnen. Der Helfende ist unsicher, hat bei aller Hilfe ein schlechtes Gewissen, fragt, ob er zuviel oder zuwenig tut, trägt ein Schuldgefühl, daß er auf den Hilfsbedürftigen abwälzt, insbesondere wenn dieser seinen Zustand selbst zu verantworten hat, er sucht die Angewiesenheit des Betreuten zu überspielen, indem er sich auf die bloße Erfüllung von Rechtspflichten zurückzieht, seine Arbeit tut und dgl. mehr. Auch der Hilfebedürftige empfindet die Hilfe weniger als Wohltat, sie wird ihm zur selbstverständlichen Erfüllung eines

Anspruchs, die stets hinter dem zurückbleibt, was er an sich fordern könnte, und zudem stets an seine sozial unerträgliche Abhängigkeit erinnert.

Das immer wiederkehrende Problem, bei der Konkretisierung der sozialen Dienst- und Sachleistungen das Optimale, das Wünschbare und das Hinreichende im Hinblick auf den jeweils erforderlichen Aufwand zu bestimmen, gelingt dem Beteiligten unter diesen Umständen nicht. Sie allein dem Hilfsbedürftigen zu überlassen, wäre evident unsinnig. Das hilfeleistende Personal ist mit der Entscheidung überfordert, weil Unsicherheit und schlechtes Gewissen bald zu Übermaß treiben, bald eine Reduktion auf irgendwelche Möglichkeiten herausfordern, bald die eigenen Interessen in die Entscheidung einmischen und schließlich zur Ausflucht bei Rechtsvorschriften und bei der Wissenschaft treiben, die kaum Abhilfe verschaffen können.

Dabei sind weder Mindeststandards noch Machtmißbrauch das eigentliche Problem. Gefahren drohen vielmehr daraus, daß primär die pauschalen Haushalts- und Wirtschaftlichkeitskontrollen greifen; die Gefahr, daß bei der Entscheidung wesentliche Interessen nicht abgewogen werden, wächst, je stärker die Hilfsbedürftigen selbst auf Anspruchserfüllung und Gleichbehandlung pochen. Gewiß kann die Geltendmachung von rechtlichen Bindungen einer übermäßigen Haushaltsbindung entgegengesetzt werden, schon die Überdehnung des Gleichheitssatzes bedrängt aber die Individualität der Hilfe. Im Verein mit der scharfen Kontrolle von Wirtschaftlichkeit und Sparsamkeit kann die Bindung an rechtliche Mindeststandards die Erfüllung aller rechtlich nicht fixierten Leistungsgehalte verkümmern lassen, um so mehr, als sie anstelle spontaner Hilfsbereitschaft die zeitlich und in ihrer Intensität begrenzte Ableistung von Arbeit treten lassen.

Die Problematik der sozialen Dienstleistungsverhältnisse wird deutlicher, wenn ihnen die marktmäßig begründeten idealtypisch gegenübergestellt werden. Unter den beiden Voraussetzungen, daß der Markt ein hinreichendes Angebot bereithält und der einzelne — abgesehen vom Gelde — in der Lage ist, das Angebot zu nutzen[15], entscheidet er selbstverantwortlich, von wem er die ihm erforderlich erscheinenden Leistungen in Anspruch nimmt, und zugleich über deren Art, Umfang und Kosten. Er nimmt dabei den Ausgleich zwischen dem Wünschbaren und dem Möglichen vor und bestimmt, welches der Elemente

---
[15] Sie sind hinsichtlich dessen, der sozialer Dienste bedarf, allerdings kaum je erfüllbar, zumal regelmäßig die Nachfrage starr ist und daher ein Anbietermarkt bestehen würde, wie bei den Gesundheitsdiensten seit langem bekannt ist; zu dem Mangel an Diensten s. a. Bundesminister für Bildung und Wissenschaft (Hrsg.), Die Entwicklung des Bedarfs und des Angebots an sozialen Diensten und die Ausbildungsanforderung für eine funktionsgerechte soziale Arbeit, Bonn 1979.

des Wünschenswerten den Vorrang hat, wenn sie einander widerstreiten. Er trägt vor allem die Wirtschaftlichkeitsverantwortung. Hat er die Leistung nicht bereits von vorneherein vertraglich scharf konkretisiert, kann er nach § 243 BGB Sachen und Dienste mittlerer Art und Güte fordern, wobei der Markt einen Anhalt dafür gibt, welche Qualität maßgeblich ist[16]. Zur Konkretisierung von Dienstleistungsansprüchen verhilft ihm u. U. das Direktionsrecht als Arbeitgeber. Entsprechen die Leistungen nicht dem Vereinbarten, gibt ihm das Recht einen ganzen Fächer von Sanktions-, Ausgleichs- und Genugtuungsansprüchen[17]. In aller Regel kann er außerdem die Enttäuschung über eine Leistung zum Anlaß nehmen, um den Verkäufer, den Wirt, den Friseur, den Arbeitnehmer zu wechseln. Das gilt auch, wo er wegen der Natur der Leistung mit seinem Partner in einen engen persönlichen Kontakt und in feste Abhängigkeit getreten ist und persönliche Reibungen das Verhältnis unerträglich machen.

Vergleicht man vor diesem Hintergrund die Situation bei der Erbringung sozialer Dienst- und Sachleistungen, dann zeigen sich wesentliche Besonderheiten. Das Verhältnis ist durch die intensive Angewiesenheit des Leistungsempfängers bestimmt, die als solche bereits seine Freiheit bedrängt. Das gilt selbst, wenn er in der Lage ist, die erforderlichen Dienste zu bezahlen, sofern es seine Angewiesenheit ihm nicht erlaubt, sich wirklich unabhängig zu entscheiden. Kann der querschnittsgelähmte oder infolge Contergenschäden ohne Arme und Beine geborene Millionär sich die erforderlichen Pflegekräfte wirklich in voller Freiheit und Selbständigkeit aussuchen und sie engagieren? Bedarf er nicht selbst dazu des sozialen Vermittlungsdienstes? Steht auf dem Markt überhaupt ein entsprechendes Dienstleistungsangebot zur Verfügung? Ist der auf die Dienste Angewiesene davor gesichert, daß der Dienstleistende, anstatt seine Abhängigkeit abzubauen, sie ausnutzt, um sie zu verstärken? Kann sich ein marktgerechtes Entgelt bilden?

---

[16] Mängel bei Reiseveranstaltungsverträgen werden etwa anhand der vertraglichen Zusicherungen, dem nach dem Vertrag vorausgesetzten Nutzen und schließlich nach den am Ort üblichen Marktverhältnissen bestimmt (vgl. § 651 c BGB), wobei unvermeidliche Unannehmlichkeiten hinzunehmen sind, vgl. *OLG Köln*, FVE Bd. 9, S. 126; *OLG Hamm*, DB 1973, S. 2296; *LG Berlin*, FVE Bd. 4, S. 182; *Eberle*, Der Reiseveranstaltungsvertrag, 1978, S. 31 - 42; zum Inhalt der Leistungen des Reiseveranstalters s. a. § 633 BGB.

[17] Bei Reiseveranstaltungsverträgen kann der Kunde bei Mängeln etwa Abhilfe verlangen, sich selbst auf Kosten des Veranstalters Abhilfe verschaffen, mindern, kündigen und Schadensersatz verlangen, wobei die Folgen bis ins einzelne gehend geregelt sind (vgl. §§ 651 c - 651 g BGB). Alle diese Folgen sind gegenüber einem sozialen Dienstleistungsunternehmen, das kostendeckende Preise erhebt, nahezu wirkungslos, für den Empfänger der sozialen Dienste ist allenfalls die Möglichkeit, Abhilfe zu verlangen oder sich zu schaffen, von Bedeutung; sie setzt allerdings voraus, daß er dazu fähig ist und daß überhaupt eine Möglichkeit der Abhilfe besteht (Wettbewerb?).

Werden aber die sozialen Dienst- und Sachleistungen in einem prekaristischen Verhältnis erbracht, dann sind sie nicht im Wege des Austauschvertrages zwischen zwei Marktbürgern zu regeln, zumal, wenn die Dienstleistungsträger nicht gewinnorientiert sind und damit durch ökonomische Druckmittel nur mittelbar getroffen werden können. Individual- und Marktlage lassen es kaum zu, daß der Leistungsempfänger sich autonom den ihm genehmen Leistungsträger auswählt, noch weniger, daß er mit ihm die näheren Umstände des Leistungsverhältnisses individuell vereinbart, den Leistungsumfang individuell konkretisiert und festlegt. Er wird vielmehr, wenn überhaupt, auf standardisierte Regelungen von geringem Konkretisierungsgrad verwiesen. Nimmt er soziale Dienste in Anspruch, die von Natur aus unbestimmt sind, wie etwa Betriebs- oder Haushaltshilfe, kommt ihm nicht die volle Direktionsgewalt eines Arbeitgebers zu. Selbst wenn er den Dienstleistenden wechseln kann, stehen dem oft faktische Hindernisse entgegen. Der Bewohner eines Pflegeheimes wird sehr viel hinnehmen, ehe er noch einmal umzieht. Der Rehabilitand muß befürchten, daß ihm die Leistung wegen mangelnder Mitwirkung nach § 66 Abs. 2 SGB-AT versagt oder entzogen wird, wenn er sich aus einem Rehabilitationsverhältnis zu lösen sucht.

Die Komplexität der erforderlichen Entscheidungen soll an dem — durchaus nicht analogiefähigen — Verfahren aufgezeigt werden, in welchem über die Krankenpflege entschieden wird. Sie muß nach § 182 Abs. 2 RVO ausreichend und zweckmäßig sein, darf jedoch das Maß des Notwendigen nicht überschreiten. Das entscheidet der Arzt (vgl. § 368 c RVO). Er unterliegt freilich verschiedenen Kontrollen und Sanktionen, einmal durch die kassenärztlichen Vereinigungen und deren besondere Organe (§ 368 n Abs. 2 Satz 2, Abs. 5 RVO), die seine Vergütung herabsetzen und ihn in Regreß nehmen können, wobei die Krankenkassen eine Überprüfung veranlassen können; dann durch den Patienten, der ihn frei wählen und wegen Kunstfehlers in Anspruch nehmen kann (§ 368 d insbes. Abs. 4 RVO). Das Interesse des Arztes ist wegen der Berechnung der Vergütung auf Leistungsausweitung gerichtet (§ 368 f Abs. 1 Satz 4 RVO), andererseits ist er Richtlinien über die Gewähr einer ausreichenden, zweckmäßigen und wirtschaftlichen Versorgung unterworfen (§ 368 p, vgl. a. Abs. 8 RVO). Die Krankenkassen unterliegen der Selbstverwaltung und haben insofern das Interesse an Leistungsbegrenzung zur Minderung der Beitragsbelastung und Beitragserhöhung zur Finanzierung weiterer Leistungen selbst abzuwägen. Überlagert wird das Verfahren noch durch das Berufsethos der Ärzte, dessen Veränderung es freilich auch selbst verändern muß.

Wichtig ist, daß der Kranke aus dem Streit über den Umfang und die Qualität der Heilbehandlung weitgehend herausgehalten wird und daß die Bestimmung der Krankenpflege, die er erhält, vom Arzt als Teil der Krankenpflege selbst erbracht wird, nicht aber bürokratisch oder gutachtlich erfolgt. Mit dem Erlaß von Verwaltungsakten hat sie jedenfalls nichts zu tun.

Sach- und Dienstleistungen sind schließlich von vorneherein freiheitsbedrängend[18]. Lasten und Einschränkungen bringt es in besonderem Maße mit sich, wo die soziale Dienst- und Sachleistung in einer totalen Institution, z. B. in einem Heim, geleistet wird, das den einzelnen mehr oder minder ganz einbindet. Sie bauen dann nicht nur Abhängigkeit ab, sie erzeugen auch Abhängigkeit. Die damit verbundenen Ingerenzen können auf Dritte ausstrahlen, so wenn § 69 BSHG verlangt, darauf hinzuwirken, daß ein Pflegebedürftiger Pflege und Wartung von Personen, die ihm nahestehen, erfährt, wenn § 72 Abs. 2 BSHG die Beratung und persönliche Betreuung der Angehörigen von Außenseitern um der Außenseiter willen fordert oder wenn nach § 75 BSHG den Alten die Verbindung mit ihnen nahestehenden Personen ermöglicht werden soll. Die Praktizierung des Verhältnismäßigkeitsprinzips kann den notwendigen Ausgleich nicht allein sichern, insofern es voraussetzt, daß der Zweck der Hilfe und damit der Inhalt der sozialen Dienst- und Sachleistungen hinreichend bestimmt ist.

Freiheitsbedrängend — und zwar nicht nur für die Sozialleistungsempfänger, sondern auch für Außenstehende — sind die Vermittlungsdienste, selbst wenn sie nur freiwillig und individuell in Anspruch genommen werden. Es besteht etwa die Gefahr einer übermäßigen Berufslenkung durch die monopolisierte Beratung und Vermittlung der Bundesanstalt für Arbeit[19]. Sie muß durch Sicherungen abgefangen werden.

Der Manipulationsverdacht verstärkt sich, wo die soziale Dienstleistung zur weltanschaulich oder religiös gebundenen und verantworteten Lebenshilfe wird. Eine solche Lebenshilfe ist allerdings nicht nur als unvermeidlich hinzunehmen. Sie ist vielmehr ausdrücklich gefordert und notwendig. Es bedeutet eine Verkümmerung sozialer Hilfen, wenn sie nicht Seelsorge in einem weiten Sinne mit einschließt; Sachlichkeit und Neutralität sind nicht die alleinseligmachenden Prinzipien

---

[18] Schon in seinem Anhang erläuternder Bemerkungen zu den Metaphysischen Anfangsgründen der Rechtslehre, 2. Aufl. 1778 S. 178 f., sagt *Kant*: „So hat man gefunden: daß der Arme und Kranke (den vom Narrenspital ausgenommen) besser und wohlfeiler versorgt werde, wenn ihm die Beihilfe in einer gewissen dem Bedürfnis der Zeit proportionierten) Geldsumme, wofür er sich, wo er will, bei seinen Verwandten oder sonst Bekannten, einmieten kann, gereicht wird, als wenn — wie im Hospital von Greenwich — prächtige und dennoch die Freiheit sehr beschränkende, mit einem kostbaren Personale versehene Anstalten dazu getroffen werden."

[19] Vgl. dazu *Harald Bogs*, Die Sozialversicherung im Staat der Gegenwart, 1973, § 11.

sozialer Arbeit, im Gegenteil verfehlt eine nur sachliche und neutrale soziale Hilfe vielfach ihren Sinn. Es ist evident, daß eine identifizierende weltanschauliche oder religiöse Hilfe am besten von freien Wohlfahrtsträgern zu leisten ist. Das bedeutet nicht, daß die öffentlichen Sozialleistungsträger sich dabei völlig zurückhalten könnten oder dürften. Ebenso wie wir von der Schule erwarten, daß sie zu Religion und sittlicher Verantwortung erzieht und sich dabei von der Forderung agnostischer Neutralität dispensiert, müssen wir auch von der öffentlichen Wohlfahrtspflege Identifikation erwarten. Solche Identifikation ist im übrigen bereits notwendig, wenn der Hilfsbedürftige auf die freie Wohlfahrtspflege hingewiesen wird. Gültig bleibt freilich das Verbot des Proselytenmachens, ebenso wie das der Diskriminierung des Glaubensverschiedenen und Glaubenslosen. Der notwendige Pluralismus[20] im Sinne einer Offenheit für die Zukunft ist durch das Verfahren der Ausbildung und Rekrutierung des in den sozialen Diensten tätigen Personals und durch Sicherung ihrer sozialpflegerischen Freiheit in Parallele zur Therapiefreiheit der Ärzte, zur Lehrfreiheit der Hochschullehrer, zur pädagogischen Freiheit der Lehrer sowie durch die Einbeziehung der freien Wohlfahrtspflege zu sichern. Insgesamt ist eine Gratwanderung notwendig, die sie leitende Vorsicht muß auch auf die Dienste erstreckt werden, die die öffentlichen Sozialleistungsträger auf Dritte abgewälzt haben, ohne ihrer Verantwortung ledig zu werden[21].

---

[20] Auf die Notwendigkeit des Pluralismus hat *Zacher*, Faktoren und Bahnen der aktuellen sozialpolitischen Diskussion, Arch. f. Wiss. u. Praxis d. soz. Arbeit, 3. Jg., 1972, S. 241, 262 ff., hingewiesen.
[21] Auf die Gefahren der Entpersönlichung und Enthumanisierung der Hilfsakte weisen hin *Achinger*, Sozialpolitik als Gesellschaftspolitik, 1958, S. 151 f.; *Neumeister*, Organisierte Menschlichkeit, 1962, S. 29 ff.; *v. Bethusy-Huc*, Das Sozialleistungssystem in der Bundesrepublik Deutschland, 2. Aufl., 1976, S. 262 ff.; *Lampert*, Sozialpolitik, 1980, S. 278 f., 487; über weitere Aspekte des Themas vgl. den Beitrag des *Verfassers* in der Festschrift für Wannagat, 1981, über die Konkretisierung von sozialen Dienst- und Sachleistungsansprüchen.

Wie lassen sich die sozialpolitischen Leitlinien durch die Sozialverwaltung verwirklichen?

Von Karl-Jürgen Schilling

Sozialverwaltung und Sozialpolitik gehören in das Gebiet wertender Denk- und Handlungssysteme[1]. Sie sind nicht völlig getrennt, sondern bedingen einander. Zwar ist das Wesen der öffentlichen Verwaltung als grundsätzlich selbständiger Teilgewalt in erster Linie die Wahrnehmung festumschriebener Aufgaben fachlicher Art, die Beherrschung organisatorischer Probleme, die Ausübung von Sachlichkeit und Überparteilichkeit gegen eigene wie fremde Meinungen[1a]. Verwaltung im traditionellen und verfassungsrechtlichen Sinne bedeutet daher abhängiger Vollzug von Normen und auch wertfreie Technik. Sie ist, um ein Bild zu gebrauchen, die Justitia mit den verbundenen Augen. Dies bedeutet jedoch nicht, daß öffentliche Verwaltung nicht auch politisch sein könne und dürfe. Von technischen Vollzügen und von der Sachlogik beherrschten Funktionen abgesehen, ist öffentliche Verwaltung immer auch politische Verwaltung[2], vor allem dann, wenn sie den im Gesetz niedergelegten politischen Willen des Gesetzgebers vollzieht. oder weisungsgebunden die in Richtlinien, Programmen oder Einzelanordnungen zum Ausdruck kommenden Zielsetzungen der Regierung verwirklicht. Jedoch ergibt sich aus dem Gebot der Gesetzmäßigkeit der Verwaltung, daß der handelnde Beamte nur diejenigen politischen Ziele des Gesetzes und der ministeriellen Richtlinien verfolgen darf, die hierin Ausdruck gefunden haben. Er darf seinerseits keine weiteren politischen Ziele hinzufügen, er darf keine eigene Politik machen[3]. Deshalb sind die von *Frido Wagener* beschriebenen vertikalen Fachbruderschaften verfassungspolitisch so bedenklich. Er muß aber die politischen Gedanken des Gesetzes oder der exekutiven Leitlinie zu Ende denken[4]. Dies ist mit der Rechtsprechung des Bundesverfassungsgerichts vereinbar, wonach Sinn des Art. 20 Abs. 2 GG nicht die scharfe Trennung der Gewalten, sondern die Gewährleistung der gegenseitigen

---

[1] *Anton Burghardt* u. a., Leitbilder und Zielsysteme der Sozialpolitik, 1973.
[1a] *Hesse*, Grundzüge des Verfassungsrechts der Bundesrepublik Deutschland, 6. Aufl., S. 215.
[2] *von Münch*, Allgemeines Verwaltungsrecht, 1975, S. 47.
[3] Vgl. *Max Weber*, Staatssoziologie, 1966, S. 45.
[4] *Scheuner*, in: Deutsches Berufsbeamtentum, 1962, S. 19 ff.

Kontrolle ist, wobei aber die Kernbereiche der einzelnen Gewalten nicht tangiert werden dürfen. Ist öffentliche Verwaltung aber auch, um im Bild zu bleiben, die Justitia, die sich ohne Schwert und ohne verbundene Augen dem hilfsbedürftigen Menschen zuwendet?

Die Sozialpolitik wird herkömmlich in wissenschaftliche und angewandte (praktische) Sozialpolitik untergliedert. Hinsichtlich des wissenschaftlichen Standorts und der Definition der Sozialpolitik herrscht auch gegenwärtig noch keine Einigkeit[5]. Während sie von vielen lediglich als Umverteilungs- und Ausgleichspolitik zur Beseitigung monetärer Defizite (Korrektur der Wirtschaftspolitik) verstanden wird, setzt sich die Auffassung immer mehr durch, Sozialpolitik habe eine weitere Aufgabe: Prävention, Prophylaxe, Entwicklung menschlicher Fähigkeiten und Anlagen. Sie wird daher unter Einbeziehung von Teilgebieten anderer Disziplinen (wie Bildungspolitik, Gesundheitspolitik, Umweltspolitik etc.) zur umfassenden Gesellschaftspolitik.

Sozialpolitik verwirklicht sich in den Parlamenten und Regierungen. Sozialpolitik ist das Werk der politischen Parteien, denen das Grundgesetz den Rang von Verfassungsorganen zuweist. Dort entstehen die großen sozialpolitischen Leitlinien, Leitbilder, Leitziele und Grundsatzentscheidungen (Makrokosmos). Sozialpolitik geschieht aber auch auf einer mittleren Ebene, etwa den Landschaftsverbänden, Bezirken, Städten (z. B. Bauleitplanung, Krankenhausplanung, Altenplanung, Jugendplanung, Bekämpfung der Jugendarbeitslosigkeit und Drogenabhängigkeit). Hierfür bürgert sich der aus der amerikanischen Literatur stammende Begriff Mezzokosmos ein[6]. Neuerdings wird erkannt, daß angewandte Sozialpolitik auch vor Ort bis hin zur Einzelaktion verwirklicht wird[7]. Das Erkennen dieses Mikrokosmos erfordert eine begriffliche Neuorientierung, insbesondere der Verwaltungsrechts- und der Verwaltungswissenschaft.

Sozialpolitische Leitlinien und Zielvorstellungen ergeben sich aus fundamentalen politischen Wertentscheidungen. Sie finden ihren Niederschlag in der Verfassung und den sie interpretierenden sowie konkretisierenden Handlungsanweisungen der Regierungen, der politischen Parteien und der weltanschaulichen Gruppierungen. Auf die Frage, wie solche Fundamentalentscheidungen entstehen, kann hier nicht näher eingegangen werden[8].

---

[5] Vgl. *A. Burghardt*, Lehrbuch der Allgemeinen Sozialpolitik, 1966.

[6] *Hunziker*, Sozialarbeit und Sozialpädagogik im Kontinuum sozialer Aktionsbereiche, 1973.

[7] *F. X. Kaufmann*, Bürgernahe Sozialpolitik, 1979.

[8] Vgl. *Anton Burghardt* u. a., Leitbilder und Zielsysteme der Sozialpolitik, 1973.

Vorrangige Quelle solcher Leitlinien für unser Staatswesen sind das Menschenbild des Grundgesetzes, der Grundrechtskatalog, das Rechtsstaats- und Sozialstaatsprinzip, das Demokratiegebot. Auch die Anerkennung des erkenntnistheoretischen und wertebildenden Pluralismus hindert nicht das Entstehen und das Festhalten an unverrückbaren Grundsätzen sozialer Politik. Werden solche fundamentalen Grundsätze geordnet und unter Setzung von Prioritäten und Vermeidung von Antinomien und Anomien in ein System gebracht, so entsteht soziale Ordnungspolitik. Mehr noch: Soziale Ordnungspolitik bedeutet qualitatives Umdenken, zielgerichtete Schaffung eines Rahmens für das menschliche Zusammenleben unter Berücksichtigung aller menschlichen Bedürfnisse[9]. Sie muß mehr sein als die Korrektur von Markt- und Arbeitsergebnissen.

Grundsätze einer so verstandenen sozialen Ordnungspolitik sind u. a.:

1. Personalität
2. Solidarität
3. Subsidiarität
4. Integration
5. Sicherung / Ausgleich / Umverteilung / Wachstum
6. Verbindung von Wirtschaftlichkeit und Humanität
7. Prävention
8. Rehabilitation
9. Effizienz
10. Transparenz
11. Zielgerichtetheit der staatlichen Maßnahmen
12. Hilfe zur Selbsthilfe
13. Befähigung der Bürger
14. Bürgernähe und Bürgerfreundlichkeit öffentlicher Dienste
15. Beachtung der budgetären Grenzen.

Diesen sozialpolitischen Leitlinien steht ein Menschenbild voran, das den Menschen weder als isoliertes Einzelwesen noch als Teil einer amorphen Masse, sondern als personales Wesen sieht, das in soziale Gemeinschaft, in soziale Pflichten genommen ist. Der Mensch ist nicht nur ein produzierendes, sondern in seiner Komplexität nach allseitiger, auch geistiger und emotionaler Entfaltung strebendes Wesen.

Soll soziale Ordnungspolitik, wie es der Begriff voraussetzt, effizient soziale Verhältnisse sichern oder verändern, insbesondere verbessern,

---

[9] *J. Schäfers*, Moderne Sozialpolitik — Soziale Ordnungspolitik, Theorie und Praxis der sozialen Arbeit, 1978, S. 295 ff.

so bedürfen sie der *Umsetzung* in der Praxis. Dies ist nicht nur politisches Postulat, sondern in Teilbereichen auch rechtliche Verpflichtung. Das Sozialstaatsprinzip ist verpflichtender Grundsatz zur Auslegung feststehender Rechtssätze durch die Behörde (*BVerfGE 6,* 71). Das Sozialstaatsprinzip verlangt von Beamten, die zur Hilfe für sozial schwache Volkskreise verpflichtet sind, besondere Beistandspflichten[10]. Es wird somit zur unmittelbar verpflichtenden Norm für die Sozialverwaltung, also der Sozialversicherung, der Bildungs- und Arbeitsförderung, der sozialen Entschädigung bei Gesundheitsschäden, der Sozial- und Jugendhilfe, der Rehabilitation Behinderter, dem Gesundheitswesen und Umweltschutz, um nur die wichtigsten zu nennen. Ein konkretes, in sich geschlossenes Handlungssystem für eine soziale, bürgerfreundliche, bürgernahe, helfende, pflegende, betreuende, den Kontakt zum Bürger und das Gespräch mit ihm suchende Verwaltung ist aber erst im Entstehen begriffen. Die Verwaltungsrechtswissenschaft liefert lediglich ein Instrumentarium des Verwaltungshandelns, das auf die klassischen Bereiche der Eingriffs-, der Leistungs- und der Fiskalverwaltung zugeschnitten ist. Erst allmählich fassen Erkenntnisse und Handlungsanweisungen aus anderen wissenschaftlichen Disziplinen wie: Organisations- und Managementlehren, Grundsätze der Menschenführung in der öffentlichen Verwaltung, Fuß. Gerade aber für die Sozialverwaltung ist interdisziplinäres Erkennen und Handeln (Teamarbeit)[11] unabdingbar. Die Anwendung ausschließlich der herkömmlichen Methoden des Verwaltungshandelns unter Einschluß bürokratischen Verhaltens wird der besonderen Zielsetzung der Sozialverwaltung nicht gerecht. Sie bedarf der Ergänzung durch die Methoden der Psychologie, der Sozialpädagogik, der Sozialarbeit. Erst diese Integration von verschiedenen Methoden und Techniken ermöglicht die wirksame Umsetzung der Leitlinien der Sozialpolitik durch die Sozialverwaltung.

Die Verwirklichung der Leitlinien der Sozialpolitik setzt zunächst *organisatorische* Maßnahmen der Sozialverwaltung voraus. Dies beginnt mit Schulungs-, Fort- und Weiterbildungsmaßnahmen für die Mitarbeiter. Anliegen und Zielsetzungen der Sozialpolitik müssen einsichtig gemacht, ein Bewußtseinswandel muß eingeleitet werden. Die Grundsätze moderner Behördenführung und Menschenführung sind anzuwenden. Ferner sind Behörden- und Ämtergliederungen auf Transparenz, Effektivität, Bürgernähe zu überprüfen. Aus Zeitgründen kann hier nur auf einige Modelle, wie das Berliner und Trierer Modell (Zusammenlegung von Sozialamt und Jugendamt, Vereinigung

---

[10] *BGHZ,* NJW 57, 1873.
[11] *H. Wilensky* u. *Ch. Lebeaux,* Industrial Society and social Welfare, 1965; *W. D. Birrell* u. a., Social Administration, 1973.

von Innen- und Außendienst, völlige Reorganisierung der sozialen Dienst etc.) hingewiesen werden.

Als aktuelles Beispiel kann der im Entstehen begriffe Sozialdienst der Krankenkassen dienen. Auf Grund verschiedener wissenschaftlich ausgewerteter Modellversuche[12] richten gesetzliche Krankenkassen neuerdings einen Sozialdienst ein. Die zuständige Projektgruppe des Bundesverbandes der Ortskrankenkassen führt zur Begründung folgendes aus:

„Der Gedanke der versichertennahen, problemorientierten Betreuung hat als eine Schwerpunktaufgabe Eingang in die Gesamtkonzeption für die Arbeit der AOK gefunden. Dort wird u. a. die entscheidende Rolle betont, die die menschliche Zuwendung des Mitarbeiters der Krankenkasse, die Bereitschaft, Verständnis zu zeigen, sich mit Einfühlungsvermögen und Aufgeschlossenheit in die Lage des Kranken zu versetzen, für den Rehabilitationserfolg spielt. Dies gilt auch für den Sozialen Dienst, der zugleich eine Mittlerrolle zwischen Versichertem und Arzt, Krankenhaus und AOK einnehmen soll."

Diese Konzeption ermöglicht den gesetzlichen Krankenkassen als speziellen Sozialleistungsträgern neue Möglichkeiten umfassender Hilfe über die klassischen Geld- und Sachleistungen hinaus.

Die Umsetzung der Maximen der Sozialpolitik durch die Sozialverwaltung verlangt ferner eine Systematisierung der Sozialplanung[13] und der Sozialprogramme auch auf der örtlichen Ebene. Bei der Aufstellung sozialer Programme ist auf Zielgerichtetheit, Konsequenz, Vermeidung von Friktionen, klare Prioriäten und den budgetären Rahmen zu achten. Es führt nicht zur Erhöhung der Akzeptanz, dem Zufriedenheitsgrad des Bürgers, wenn verschiedene Programmziele gleichrangig nebeneinandergesetzt und Prioritäten erst im Vollzug des Programmes gesetzt werden. So wird der Grad der Frustration und Staatsverdrossenheit, beispielsweise der Jugendlichen, nur noch vergrößert, wenn alle politischen Parteien in ihren Programmen die Errichtung von Jugendzentren fordern, im Zuge der Haushaltsberatungen und später beim administrativen Vollzug aber andere Projekte für vorrangig erklärt werden, weil die Finanzdecke nicht ausreicht.

Planungsfehler, zahlreiche Beispiele belegen dieses Phänomen, haben ihre Ursachen häufig in der Bürgerferne. So sind Grundsätze familien- und kindergerechter Wohnungen und Bauten nur selten verwirklicht worden. Viele Mißerfolge hätten vermieden werden können, wenn Sozialpsychologen, Sozialpädagogen und Sozialarbeiter rechtzeitig eingeschaltet worden wären. So wurden vielfach intersub-

---
[12] Vgl. *Eichner-Neuhans*, Soziale Dienste der Krankenkassen, 1976.
[13] Vgl. *Robert R. Mayer*, Sozialplanung und soziale Veränderung, 1975; *J. J. Hesse*, Stadtentwicklungsplanung, 1972.

jektiv ausweisbare Richtigkeitsvorstellungen, Erwartungshaltungen der Bürger, Grundbedürfnisse der Menschen bei administrativen Planungen außer acht gelassen. Auf das Thema Zielkonflikte und Lückenhaftigkeit der Planung kann nur kurz aufmerksam gemacht werden.

Auf zwei weitere Probleme, die die Umsetzung der Leitlinien der Sozialpolitik erschweren, muß ich in diesem Zusammenhang aufmerksam machen:

Die Sozialverwaltung, vor allem auf der mittleren und örtlichen Ebene, ist in der Regel eingebettet in die allgemeine Verwaltung. Die Spitzenorgane: Regierungspräsidenten, Oberbürgermeister, Landräte, vertreten nicht nur sozialpolitische Interessen. Das Spektrum ihrer politischen Motivation reicht weit darüber hinaus. Wer kann es ihnen verdenken, wenn der Bau des neuen Verwaltungsgebäudes, der Straßenbau, der Schulbau, die Verbesserung der Landwirtschaftsstruktur, der allgemeinen Wirtschaftsstruktur für sie Vorrang genießen? Der ohnehin hohe Haushaltsansatz für Sozialausgaben schärft bei vielen Leitern staatlicher und kommunaler Einrichtungen das Denken in Prioritäten. Ist nicht doch der Schulbau, der Bau kommunaler Straßen, die Förderung des landwirtschaftlichen Versuchsgutes vorrangig?

Ein Zweites: Diejenigen Mitarbeiter in der öffentlichen Verwaltung, die sich berufsspezifisch ihrer Mitmenschen annehmen, geraten bisweilen in Rollenkonflikte. Ihr Berufsethos verpflichtet sie zur Advokation[14]. Ihr Handlungsauftrag lautet, dem Mitbürger zu seinen Rechten auch gegenüber dem Staat zu verhelfen. Gleichzeitig sind sie aber weisungsgebundene, zur Loyalität gegenüber ihrem Dienstherrn verpflichtete Beamte oder Angestellte im öffentlichen Dienst. Wie soll sich der Mitarbeiter im Sozialamt im Zwiespalt von Haushaltsrecht und den Bedürfnissen des Antragstellers verhalten? Welcher Handlungsspielraum verbleibt dem Psychologen, wenn die Anstaltsordnung eines Heimes Maßnahmen nicht zuläßt, die er zur Rehabilitation seines Klienten für unabdingbar hält?

Die Umsetzung der sozialpolitischen Leitlinien durch die Sozialverwaltung ist ferner nur möglich, wenn die einzelnen Sozialleistungsträger und Behörden verstärkt zusammenarbeiten und das System unserer sozialen Sicherung transparent und effizient werden lassen. Dies gilt besonders für die Rehabilitation. Was nützt es dem Vater eines behinderten Jugendlichen, der sich an seine Kreisverwaltung wendet, daß Staat und Gesellschaft eine Vielzahl von Bildungs- und Eingliederungsmöglichkeiten vorhalten, er aber von dort nicht die entsprechenden Hinweise und Auskünfte erhält; wenn der Auftrag des Rehabilitationsangleichungsgesetzes nur unzureichend erfüllt wird; wenn der Überblick

---

[14] *F. X. Kaufmann*, S. 427 ff.

über alle Sozialleistungsträger fehlt und die notwendige Kooperation leidet; wenn kein umfassender Therapie- und Rehabilitationsplan zustande kommt? Auf die Zersplitterung unserer Sozialleistungsträger und Ressortaufteilung der verschiedenen Dienste ist schon mehrfach hingewiesen worden. Es läßt sich nicht leugnen, daß hierdurch zusätzliche Probleme geschaffen werden, obgleich eine gesamtheitliche Behandlung des Menschen geboten ist[15].

Forderungen ergeben sich aber auch an das konkrete Verwaltungshandeln der Behörden und Leistungsträger:

Der Verwaltungsjurist ist gehalten, im Rahmen des Gesetzes nach Formen des Helfens, Gestaltens, Förderns und pädagogischen Einwirkens zu suchen, die über das klassische Instrumentarium hinausgehen, wie es in den gängigen Publikationen des Verwaltungsrechts beschrieben ist. Es erfordert interdisziplinäres Denken und Handeln. Es verlangt vom Verwaltungsbeamten, Methoden anderer Disziplinen wie der Psychologie, Soziologie, Sozialarbeit und Sozialpädagogik zu verstehen und entsprechend bis hin zur agogischen Intervention[16] auch zu handeln. Für weite Bereiche der Sozialhilfe, Behindertenhilfe, Jugendhilfe ist das an sich selbstverständlich, sollte aber darüber hinaus für den Gesamtbereich der Sozialverwaltung gelten, auch wenn dort keine Sozialarbeiter oder Psychologen beschäftigt sind. Weshalb sollte nicht der Verwaltungsbeamte in der Lage sein, einen helfenden Prozeß nach den berühmten vier P's: „Person, Problem, place, process"[17] einzuleiten und erfolgreich zu beenden, um dadurch die Leitlinien der Sozialpolitik umzusetzen? Sollte nicht auch der Jurist erkennen können, daß es sich nicht nur um den „Vollzug eines Gesetzes", sondern oft um einen Befähigungs- und Integrationsprozeß handelt? Das setzt aber wiederum die Einsicht voraus, daß Gesetze nicht nur Normengefüge, sondern in einer Vielzahl von Fällen eben auch soziale Programme mit Handlungsanweisungen an die zuständigen Stellen sind.

Die sozialpolitischen Leitlinien lassen sich daher durch die Sozialverwaltung nur verwirklichen, wenn es gelingt, die Kreativität und Flexibilität der Mitarbeiter zu wecken und sie zur Teamarbeit zu befähigen, die sich nicht nur in der wöchentlichen Besprechung und gelegentlichem Mitzeichnen erschöpft.

Oft zitierte Forderungen an die allgemeine Verwaltung und besonders an die Sozialverwaltung lauten:

Bürgernähe, Bürgerfreundlichkeit, Entbürokratisierung.

---
[15] *F. X. Kaufmann*, Bürgernahe Sozialpolitik.
[16] *M. van Beugen*, Agogische Intervention, Planung und Strategie, 1972.
[17] Vgl. *Perlmann*, Soziale Einzelhilfe als problemlösender Prozeß, 1969.

Bürgernahe Verwaltung bedingt in vielen Fällen den Verzicht auf Anwendung des herkömmlichen bürokratischen Instrumentariums. Einem Antrag auf Erlaß eines Verwaltungsaktes stehen oft „Bedenken" gegenüber. Dies kann zu einem langwierigen Verwaltungsverfahren bis zur Sachentscheidung führen. Ist nicht auch eine schnelle Sachentscheidung möglich, auf die der Bürger wartet, etwa durch Zuhilfenahme des Fernsprechers?

So ergeben sich für eine bürgernahe und bürgerfreundliche Sozialverwaltung die verschiedensten Möglichkeiten des Helfens, des Befähigens, des Steuerns von Entwicklungsprozessen, des Aufklärens, des Einsichtigmachens bis hin zu Hinweisen auf erfolgversprechende Antragstellung bei der anderen, der zuständigen Behörde. Das setzt aber bei vielen Amtsträgern Weiterbildung und einen breiten Bewußtseinswandel voraus. Hilfe zur Selbsthilfe, Betreuen, Überzeugen, Schaffung von Vertrauen ist nur möglich, wenn der Amtsträger bereit ist, auf den Bürger einzugehen, ihn wirklich anzuhören, nicht nur das gewährte rechtliche Gehör aktenkundig zu machen, die Erwartungshorizonte auszuloten, daß er wenigstens den Versuch unternimmt, die menschliche Kommunikation an psychologischen und pädagogischen Grundsätzen auszurichten[18]. Dazu ist es ferner notwendig, daß er Kommunikationstechniken beherrschen lernt und bereit ist, sie anzuwenden.

Daraus ergeben sich u. a. folgende Forderungen:

1. Abbau noch anzutreffender bürokratischer Haltungen und Bewußtseinslagen (Entbürokratisierung, Entmachiavellisierung der Mitarbeiter)

2. Organisatorische Maßnahmen zur Entbürokratisierung, Steigerung von Transparenz und Effizienz

3. Fortwährende Hinweise und Ermahnungen durch die Amtsleiter

4. Verstärkte Fort- und Weiterbildung des öffentlichen Dienstes auch auf sozialwissenschaftlichen Gebieten

5. Änderung bzw. Ergänzung der Curricula der Ausbildungsgänge, insbes. der Juristen[19]

6. Wahrung der Mitwirkungsrechte der Bürger

7. Erkennen der Zielgruppen der Verwaltung. Differenzierende Berücksichtigung schichtenspezifischer Bedürfnisse

---

[18] *F. Mueller / T. Thomas*, Einführung in die Sozialpsychologie, 1974; *H. Böttcher*, Sozialpädagogik im Überblick 1975; *E. Fooken*, Grundprobleme der Sozialpädagogik, 1973.

[19] Vgl. *Oswalt Spengler*, Der Untergang des Abendlandes, Nachdr. 1966, S. 652 ff.

8. Evaluierung der Sozialverwaltung und sozialer Programme[20]
9. Ergänzung des Systems unseres Verwaltungsrechts und unserer Verwaltungswissenschaft um die Methoden anderer Sozialwissenschaften[21].

---

[20] *Ch. Wulf,* Evaluation, 1972; *Carol H. Weiss,* Evaluierungsforschung, 1974.
[21] Vgl. *H. Rottleuthner,* Rechtswissenschaft als Sozialwissenschaft, 1973.

Soziale Dienste — Angebot und Nachfrage

Von Dieter Schäfer

Über Angebot an und Nachfrage nach sozialen Diensten will ich nichts Quantitativ-Empirisches sagen, sondern nur etwas Funktionell-Begriffliches und etwas Systematisch-Klassifikatorisches, kurz: Nur etwas darüber, welche Besonderheiten Angebot und Nachfrage im sozialen Dienstleistungssektor gegenüber Angebot und Nachfrage in anderen volkswirtschaftlichen Sektoren aufweisen. Daraus werden sich, so scheint mir, einige Folgerungen ziehen lassen, *warum* dieser Sektor theoretisch und praktisch so schwierig zu handhaben ist. Wir hatten ja schon vorgestern einen Konsens konstatiert, *daß* es eine Krise der Sozialpolitik gäbe, zugleich aber auch einen Dissens, *was* — d. h. welche Teile der Sozialpolitik — in die Krise geraten ist und *worin* diese Krise bestimmter Teilbereiche der Sozialpolitik bzw. der Sozialpolitik insgesamt eigentlich besteht. Diese Meinungsverschiedenheiten und Unklarheiten werden sich sicher auch heute vormittag nicht auflösen lassen; aber vielleicht kann ich ein wenig zur Bereicherung und Verbesserung unseres Instrumentariums beitragen, das uns diese Krise genauer zu diagnostizieren erlaubt.

Dabei will ich von einigen elementaren, fast banalen ökonomischen Zusammenhängen ausgehen. Lassen Sie mich dem aber noch zwei Vorbemerkungen vorausschicken.

I. Die Bemühungen von Politik und Wissenschaft um die Entwicklung sozialer Dienste

Wer die sozialpolitische *Diskussion* der letzten 10, vielleicht sogar der letzten 20 Jahre aufmerksam verfolgt hat, wer insbesondere Gelegenheit hatte, im internationalen Vergleich wahrzunehmen, wo Wissenschaft und Praxis neue soziale Entwicklungen aufzuspüren versuchten, dem kann nicht entgangen sein, daß immer häufiger der Terminus „Soziale Dienste" gebraucht wurde.

1. Erste Vorbemerkung: Soziale Dienste in der deutschen sozialpolitischen Diskussion

Sozialpolitische *Probleme*, d. h. aktuelle, akute, zu konkreter, kurzfristiger politischer Aktion herausfordernde soziale Schwierigkeiten haben sich freilich viel häufiger und gewichtiger in anderen lange bekannten und lange gepflegten Bereichen der Sozialpolitik ergeben. In etablierten Institutionen der sozialen Sicherung, insbesondere in der Alters- und in der Gesundheitssicherung, waren Finanzierungsdefizite zu überbrücken und zu überwinden; im ursprünglichen, im elementarsten Bereich der Sozialpolitik — nämlich bei der Gewährleistung von Beschäftigungsmöglichkeiten — war zu überprüfen, wie man mit den bekannten und bisher praktizierten *wirtschafts*politischen, vor allem konjunkturpolitischen, und *sozial*politischen Maßnahmen eine Verringerung der strukturellen Dauerarbeitslosigkeit erreichen könne; schließlich — und nicht zuletzt — wurde in der Familienpolitik darüber nachgedacht, ob sie nicht aus *bevölkerungs*politischen Erwägungen in völlig neue finanzielle Größenordnungen vorstoßen müsse. Bei all diesen Überlegungen ging es aber weniger um neue Konzeptionen als vielmehr darum, die Funktionsfähigkeit und die Effizienz vorhandener und bewährter Institutionen *sicher*zustellen oder *wiederher*zustellen.

Auch die systematisch-wissenschaftlich und die langfristig-politisch angelegten Versuche zur Weiterentwicklung der Sozialpolitik brachten wenig Impulse für grundlegende soziale Reformen. Sie waren, was die Wissenschaft betrifft, eher darauf gerichtet, Sozialpolitik neu zu *systematisieren* als zu *inspirieren*, was die Politik betrifft eher darauf, Sozialpolitik neu zu *organisieren* als neu zu *orientieren*. In der Wissenschaft wurde die alte Dreiteilung sozialpolitischer Vorkehrungen in (Sozial-)Versicherung, Versorgung und Fürsorge durch die neue Trias „Soziale Vorsorge", „Soziale Entschädigung" und „Sozialer Ausgleich" ersetzt, was zweifellos zu einem besseren Verständnis sozialpolitischer Praxis und zu einer besseren Interpretation sozialpolitischer Ziele beigetragen, aber doch zugleich auch sozialpolitische Gestaltungsprobleme und Entwicklungsmöglichkeiten verdeckt, vielleicht sogar verschüttet hat. In der Politik (genauer: der Sozialrechtspolitik) wurde durch die Arbeiten am Sozialgesetzbuch versucht, das in zahlreichen Einzelgesetzen unübersichtlich geregelte Sozialrecht durch Vereinheitlichung zu vereinfachen und transparenter zu machen, um das Rechtsverständnis des Bürgers und damit sein Vertrauen in den sozialen Rechtsstaat zu fördern, die Rechtsanwendung zu erleichtern und Rechtssicherheit zu gewährleisten, *ohne* gleichzeitig eine sachliche Reform oder auch nur eine Kompatibilitätsprüfung der vielfältigen sozialrechtlichen Normen in Angriff zu nehmen. So blieb es in Wissenschaft und Politik bei der Aufarbeitung des Erreichten, bei dem Versuch, das Vorhandene besser zu „vermitteln", ohne es weiter zu entwickeln oder auch nur in Frage zu stellen.

2. Zweite Vorbemerkung: Soziale Dienste in der ausländischen und internationalen sozialpolitischen Diskussion

Auch in der ausländischen und in der internationalen Diskussion gibt es trotz des häufigen Redens über soziale Dienste kaum Definitions- und Systematisierungsversuche. Soziale Dienste werden gefordert, zuweilen auch beschrieben, aber es wird kaum reflektiert, welchen Inhalt diese Forderung eigentlich hat, was soziale Dienste begrifflich und funktionell eigentlich sind.

Schon 1963 hatte das europäische Büro der Vereinten Nationen im Rahmen seines European Social Development Program ein Seminar über „The Relationship between Social Security and Social Services" veranstaltet; 1964 hatte die internationale Vereinigung für soziale Sicherheit in ihrer Reihe „Studies and Research" einen Tagungsband zum Thema „The Role of Social Services in Social Security" herausgebracht; und 1967 hatte *Richard M. Titmuss* in der „Internationalen Revue für soziale Sicherheit" einen grundlegenden Artikel über „Die Beziehungen zwischen der Einkommenssicherung und den Leistungen der Sozialdienste" veröffentlicht.

Diese sehr viel früher als in Deutschland einsetzende und sehr viel lebhafter geführte Diskussion hat jedoch keine wesentlich weiterführenden und klärenden Ergebnisse darüber gebracht, wodurch sich soziale Dienste funktionell auszeichnen und wodurch sie in neuerer Zeit immer unentbehrlicher und dringlicher werden. Lassen Sie mich das an einer eigenen, persönlichen Erfahrung etwas verdeutlichen.

In den Jahren 1973 bis 1975 haben zwei wissenschaftliche Mitarbeiter und ich als deutsches Team an einer „Cross National Study of Social Service Systems" mitgewirkt, in die 8 europäische und nordamerikanische Länder einbezogen waren (Frankreich, Großbritannien, Israel, Jugoslawien, Kanada, Polen, USA und die Bundesrepublik Deutschland). Geleitet und ausgewertet wurde das Projekt durch Prof. Dr. Alfred J. Kahn von der Columbia University in New York. Herr Kahn ist zweifellos einer der besten Kenner und Analytiker sozialer Dienste, insbesondere wegen seiner Erfahrung in der international vergleichenden Forschung. Er arbeitet schon seit über 10 Jahren an derartigen Studien. Deshalb dürfte, im Rahmen unseres Seminarthemas, von besonderem Interesse sein, was er über den Gegenstand seiner Untersuchungen zu sagen hat.

Im Einleitungskapitel seines zusammenfassenden Berichts über die genannte international vergleichende Studie heißt es: „We here describe and analyze the emergence of a sixth social service system or — in the current United States vocabulary — a sixth human service. This system joins education, income transfer, health, housing, employmenttraining. ... For lack of a fully satisfactory term, we shall describe this sixth social service system either with its preferred British name, ‚personal social services', or as ‚general social services ...'[1]."

Hier wird also einfach eine Beschreibung und eine gewisse grobe Klassifizierung der verschiedensten sozialpolitischen Maßnahmen in einem sehr weiten Sinne gegeben, die alle mit dem Terminus „Soziale Dienste" belegt werden. Soziale Dienste im engeren Sinne, die „persönlichen" oder „allgemeinen" sozialen Dienste werden nur negativ definiert, nämlich als diejenigen sozialen Dienste, die nicht Erziehung, nicht Einkommenstransfers, nicht Gesundheit, nicht Wohnungsversorgung und nicht Berufsausbildung betreffen.

Ähnlich wie in dieser Arbeit von Herrn Kollegen *Kahn* wird fast immer verfahren, wenn über soziale Dienste diskutiert wird. Herr *Krause* hat gestern über die zahlreichen Bestimmungen im Sozialgesetzbuch berichtet, die soziale Dienste zum Gegenstand haben. Auch sie bieten keine Aussage über Begriff und Funktion sozialer Dienste, sondern nur einen Katalog, eine rein enumerative Definition dessen, was mit sozialen Diensten gemeint sein könnte.

Solche rein beschreibenden Versuche erscheinen mir für systematische und funktionelle Untersuchungen völlig unzureichend. Ich will an einem kleinen eigenen Modell klarzumachen versuchen, warum mir diese Versuche unzureichend erscheinen[2].

II. Entwurf einer Theorie sozialer Dienste

Mir erscheinen vor allem drei Punkte als klärungsbedürftig:

1. Das Verhältnis, in dem soziale Dienste zu wirtschaftlichen, zu Einkommenshilfen stehen, also zu dem, was wir üblicherweise „Soziale Sicherung" nennen. Darüber hat insbesondere Herr *Pfaffenberger* gesprochen; aber wir haben gestern auch schon mehrfach darüber diskutiert.

2. Die Eigenart der sozialen Dienste, d. h. die Frage, wodurch sich das Bedürfnis nach sozialen Diensten von anderen Bedürfnissen und wodurch sich soziale Dienstleistungen von anderen Dienstleistungen unterscheiden.

---

[1] *Alfred J. Kahn / Sheila B. Kamerman*, Social Services in International Perspective, Washington 1976, p. 1.

[2] Vgl. *Dieter Schäfer*, Die Rolle der Fürsorge im System Sozialer Sicherung, Frankfurt/Main 1966, insb. S. 269 bis 279; dens., Die sozialen Dienste im Rahmen einer Systematik der sozialen Hilfen, in: Sozialpolitik und persönliche Existenz, Festgabe für Hans Achinger anläßlich seines 70. Geburtstages, hrsg. von Adolf Blind, Christian von Ferber, Hans-Jürgen Krupp, Berlin 1969, Seite 265 ff.

3. Als Folgerung aus diesen beiden Überlegungen: Eine Systematik der sozialen Dienste, aus der sich auch Angebots- und Versorgungslücken ableiten lassen.

Diese 3 Punkte will ich nun nacheinander kurz abhandeln.

1. Soziale Dienste und soziale Sicherung

Insbesondere für die erste Überlegung, wie sich soziale Dienste funktionell von den Einrichtungen der sozialen Sicherung unterscheiden, sind Vorstellungen aus der ökonomischen Theorie sehr hilfreich oder sogar unentbehrlich. Fragt man nämlich in einer Art naiver Voraussetzungslosigkeit, wovon normalerweise Menschen in unserer heutigen Gesellschaft leben, so muß die Antwort bereits in Form eines einfachen Kreislaufmodells gegeben werden (vgl. Abbildung 1). Denn auf die Frage nach den Quellen des Lebensunterhalts wären die drei Antworten „von Gütern", „von Geld" und „von Arbeit" alle richtig. Realiter sind zur Existenzerhaltung bestimmte Güter (Nahrung, Kleidung, Obdach) unentbehrlich, die jedoch die Verfügung über Geld voraussetzen, seit es naturale Selbstversorgung praktisch nicht mehr gibt. Daher ist der Gelderwerb zur mittelbaren Bedingung der Existenzerhaltung geworden, und der wiederum setzt voraus, daß man erwerbsfähig ist, d. h. über am Markt verwertbare Produktionsfaktoren verfügt.

Abb. 1: Volkswirtschaftlicher Kreislauf in einfachster Form (ohne Investitionen, Staatssektor und Außenbeziehungen)

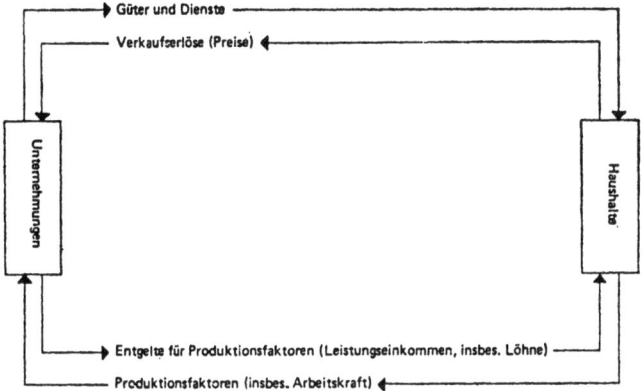

Behält man diese Kette im Auge, so kann man abgekürzt sagen, daß die Menschen heute im Normalfall vom Verkauf produktiver Leistungen leben. Die Haushalte verfügen über „Produktionsfaktoren", die sie an Unternehmungen verkaufen. Die Vergütungen, die Entlohnungen für diese Produktionsfaktoren bilden die Einkommen der Haushalte.

In den Unternehmungen werden durch das Zusammenwirken der Produktionsfaktoren Güter produziert und Dienste geleistet, die an die Konsumenten, an die Haushalte, verkauft werden. Aus diesem Verkauf von Gütern und Diensten erzielen die Unternehmungen Umsatzerlöse.

So ergibt sich ein zweifacher, geschlossener Kreislauf: Ein realer, ein Güterkreislauf, und — gegenläufig dazu — ein monetärer, ein Geldkreislauf. Produktionsfaktoren fließen von den Haushalten zu den Unternehmungen, werden hier im Produktionsprozeß kombiniert und transformiert zu Gütern und Dienstleistungen, und diese fließen dann als Mittel der Bedürfnisbefriedigung über die Märkte zurück zu den Haushalten. Das ist der reale Kreislauf. Den Produktionsfaktoren entgegen — also von den Unternehmungen zu den Haushalten — fließen Faktorenentgelte, die Einkommen; den Gütern und Dienstleistungen entgegen — also von den Haushalten zu den Unternehmungen — fließen Verkaufserlöse, die Umsätze. Das ist der monetäre Kreislauf. Das Geld zirkuliert dauernd zwischen Haushaltungen und Unternehmungen. Was die Unternehmer als Entgelt für Produktionsfaktoren aufwenden, wird bei den Haushalten zu Einkommen, das zum Kauf von Gütern und Diensten verwendet wird und so wieder zu den Unternehmungen zurückkehrt.

Da in diesem Kreislaufsystem das gesamte — in Geld bewertete — Produktionsergebnis ohne Rest auf die Verkäufer von Produktionsfaktoren aufgeteilt wird, gibt es auf die Frage, wovon diejenigen leben können, die über keine (oder keine ausreichende Menge von) am Markt verwertbaren Produktionsfaktoren verfügen, nur eine Antwort: Sie müssen von den Leistungsfähigen, den Aktiven, den Verdienern etwas abbekommen. Solche Unterhaltsleistung der Aktiven an die Passiven vollzieht sich entweder im privaten Bereich, d. h. in der Regel in der Familie: Kinder und Mütter leben vom Einkommen des Familienvaters mit. Doch wenn man den Haushalt und nicht den einzelnen als im Wirtschaftsprozeß in Erscheinung und Aktion tretende Einheit bezeichnet, wie wir es bei unserem Kreislaufschema gemacht haben, ist diese innerfamiliale Partizipation und Umverteilung gewissermaßen schon vorab saldiert.

Die zweite Einkommensumverteilung ist gesellschaftlich organisiert. Sie wird durch Selbsthilfeverbände, durch Versicherungen oder durch den Staat vollzogen. Aus den Beiträgen oder Steuern der Verdiener wird den wirtschaftlich Inaktiven als Ersatz für das fehlende Erwerbseinkommen eine Rente, eine Pension oder eine sonstige Sozialleistung gewährt, so daß sie ebenso wie die Aktiven die am Markt geforderten Preise für die zum Leben benötigten Güter und Dienste bezahlen können (vgl. Abbildung 2). Nichts anderes als diese Abzweigung aus dem Einkommensstrom und die Neuverteilung, die auch die Leistungsunfähi-

Abb. 2: Volkswirtschaftlicher Kreislauf mit (öffentlicher) Einkommensumverteilung

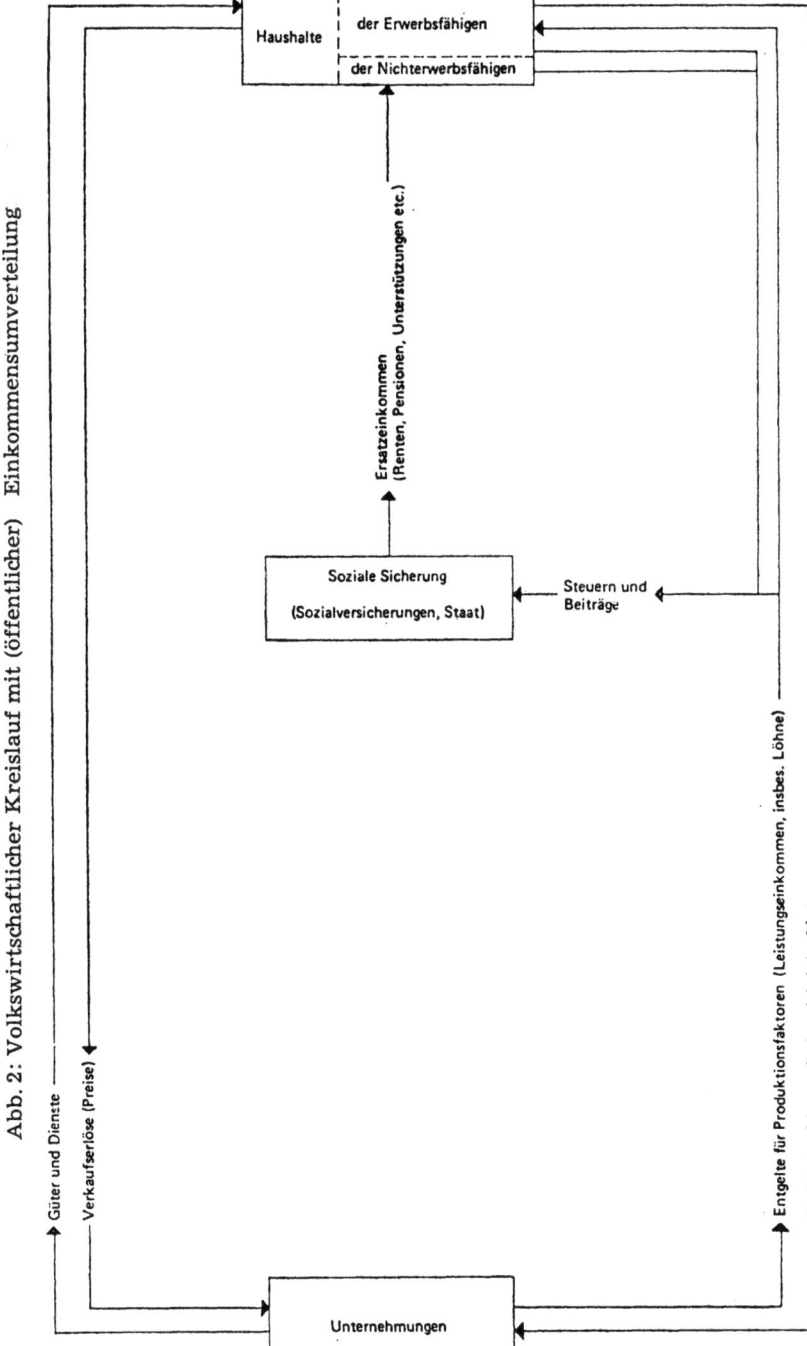

gen am Gesamtertrag des ökonomischen Prozesses beteiligt, ist das, was wir soziale Sicherung nennen. Das System sozialer Sicherung wäre in dieser seiner dominierenden Funktion also präziser definiert, wenn die schillernde Vokabel „sozial" eliminiert und der nüchterne und deutliche Begriff „Einkommens-Sicherung" benutzt würde, wie er z. B. von der 26. Internationalen Arbeitskonferenz 1944 in ihrer „Recommendation concerning Income Security" geprägt worden ist.

Mit dieser Funktion des Einkommenstransfers haben *soziale Dienste* per se *überhaupt nichts* zu tun. Die Institutionen der sozialen Sicherung dienen der Einkommensumverteilung. Sie sind nur in den *Verteilungsprozeß* eingeschaltet, in den Einkommenskreislauf. Sie *partizipieren* nur am Volkseinkommen, *vermehren* es aber nicht. Sie regeln, in welchem Umfang und von wem an wen die durch kaufkräftiges Einkommen repräsentierte Verfügungsmacht über Güter und Dienstleistungen *umverteilt* wird. Soziale Dienstleistungen sind dagegen Teil des Produktionsprozesses. Sie bieten ärztliche und pflegerische Dienste, Anstaltsunterbringungen und Heimaufenthalte, erzieherische Leistungen

Abb. 3: Nachfragekurve bei normalen Konsumgütern

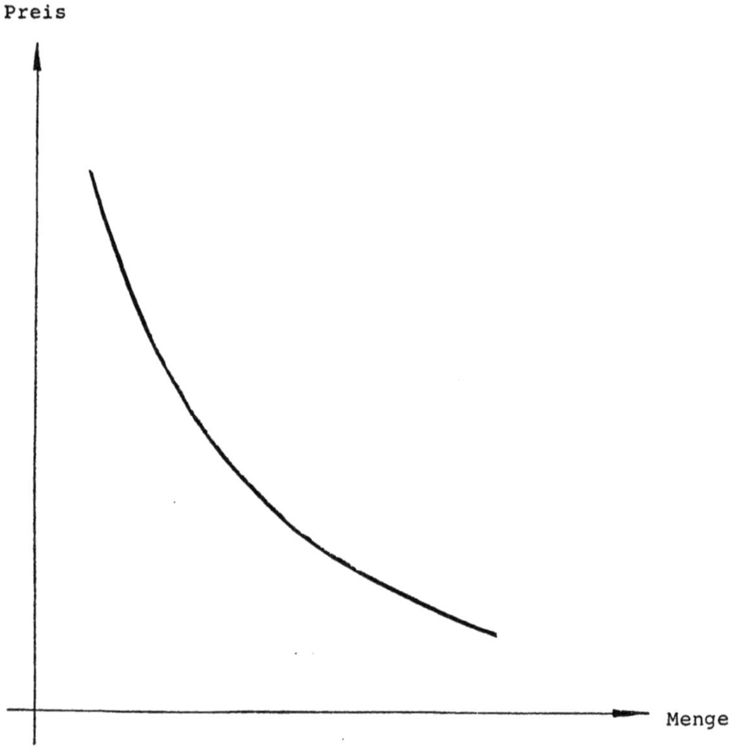

und Ausbildungen an, tragen also zum Sozialprodukt bei. Sie sind in der volkswirtschaftlichen Gesamtrechnung dem Bereich der Leistungs*erstellung* zuzuordnen, während die soziale Sicherung zum Bereich der Leistungs*verwendung* und Leistungs*verteilung* gehört.

2. Zur Definition sozialer Dienste

Ehe wir uns dies an unserem Kreislaufbild verdeutlichen können, müssen wir die zweite der angekündigten Fragen beantworten: Worin die Besonderheit der *sozialen* Dienste im Unterschied zu anderen Dienstleistungen, worin die Besonderheit des *Bedürfnisses* nach sozialen Diensten im Unterschied zu anderen Bedürfnissen besteht.

Zur Beantwortung dieser Frage gehe ich wieder von einer elementaren wirtschaftstheoretischen Vorstellung aus, die *Wilhelm Kromphardt* im Artikel „Nachfrage" im Handwörterbuch der Sozialwissenschaften wie folgt formuliert hat: „In erster Annäherung an die Wirklichkeit dürfte der — manchmal als das Gesetz der Nachfrage bezeichnete — Satz gelten, daß cet. par. der Umfang der Nachfrage mit sinkendem Preis zunimmt; und umgekehrt[3]." Dieser Zusammenhang wird in allen volkswirtschaftlichen Lehrbüchern graphisch in Form einer Nachfragekurve dargestellt, die von links oben nach rechts unten fällt (vgl. Abbildung 3). Eine solche Nachfragefunktion besagt, daß die Nachfrage *elastisch* auf Preisänderungen reagiert. Die Elastizität der Nachfrage mag sehr klein oder sehr groß sein, je nachdem ob es sich um lebenswichtige Güter oder um einen Luxusbedarf handelt, ob die Einkommen kaum über dem Existenzminimum liegen oder eine großzügige Lebenshaltung erlauben. Solange *der* Nachfragesektor untersucht wird, der die Deckung des normalen, laufenden Lebensunterhalts betrifft, dürfte die in der Theorie des Haushalts üblicherweise benutzte Grundfigur der Nachfragekurve generell gültig sein, auch wenn der Elastizitätskoeffizient sehr verschiedene Werte annimmt.

Daneben gibt es jedoch einen völlig anders gearteten Typ von Bedürfnissen und eine daraus resultierende Nachfrage, die nicht diesem geläufigen Bild entspricht. Dieser Typ von Bedürfnissen läßt sich zuzusammenfassend dahingehend charakterisieren, daß im Normalfall ein solches Bedürfnis überhaupt nicht besteht und daß in den Sonderfällen, in denen es auftritt, die Elastizität der Nachfrage gleich Null ist oder zumindest gegen Null geht.

Einige anschauliche Beispiele mögen dazu dienen, diese These zu erläutern: Nach Operationen, künstlichen Gliedern, Zahnprothesen, Hörapparaten oder Anstaltsaufenthalten besteht normalerweise *über-*

---

[3] *Wilhelm Kromphardt*, Nachfrage, in: Handwörterbuch der Sozialwissenschaften, Band 7, Stuttgart, Tübingen, Göttingen 1961, Seite 498.

haupt keine Nachfrage. Ein völlig gesunder Mensch wird *nie* ein Bedürfnis nach derartigen Leistungen haben. Es gibt *keine* Einkommenshöhe und *keine* Preisverhältnisse, bei denen vernünftigerweise die Vorstellung zulässig wäre, daß er sie nachfragen würde; ja selbst wenn sie zu *freien* Gütern würden, wenn sie *kostenlos* ins Haus geliefert würden, würden sie verschmäht. Die Nachfrage ist normalerweise stets gleich Null, und es gibt *keinerlei* Preis- oder Einkommensveränderungen, die irgendeine Reaktion bewirken könnten. Die betreffenden Güter und Leistungen fallen, um mit *Erich Schneider* zu reden, überhaupt nicht „in den Begehrskreis des Haushaltes"[4]. Die Nachfrage läßt sich also nicht als Kurve darstellen (allenfalls als mit der Preiskoordinate identische Gerade).

Sobald jedoch gesundheitliche Schädigungen auftreten, entsteht schlagartig das Bedürfnis nach heilenden oder lindernden Leistungen. Bei Lebensgefahr oder Hilflosigkeit ist das Bedürfnis nach Rettung und Hilfe urplötzlich *so dringend,* daß es nahezu alle anderen Bedürfnisse verdrängt, soweit sie nicht ihrerseits zur Lebenserhaltung unabweisbar sind. Es wird daher vorrangig befriedigt werden, wenn die Mittel dafür irgend verfügbar sind oder beschafft werden können.

So entsteht also eine Nachfragekurve, die im den Typus charakterisierenden Extremfall parallel zur Preiskoordinate verläuft, bis sie bei einer bestimmten, von den verfügbaren Mitteln abhängigen Preishöhe abbricht bzw. auf die Preisachse selbst zurückfällt und mit ihr identisch wird (vgl. Abbildung 4). Einkommenserhöhungen und Preissenkungen bei anderen Gütern und Leistungen verlängern diese Nachfragegerade bis zu einem entsprechend höheren Preis, weil die Mittel, die nach der Deckung des physischen Grundbedarfs bleiben, mehr werden (und umgekehrt). Die Nachfrageelastizitäten sind jedoch Null, weil die nachgefragte „Menge" konstant bleibt; nur an dem einen Punkt, an dem die Nachfrage plötzlich ganz aufhört, weil die erreichte Preishöhe ihre Deckung nicht mehr erlaubt, wird die Preiselastizität unendlich.

Leistungen, die derartige außerordentliche Bedürfnisse zu decken geeignet sind, kann man mit dem Sammelbegriff „Soziale Dienste" bezeichnen. Soziale Dienste wären dann also Leistungen, die irgendeinen pathologischen Zustand beheben oder mildern oder auch verhüten sollen. Daher besteht gewissermaßen ex definitione im Normalfall kein Bedürfnis nach ihnen.

Aus dieser Beschränkung der Nachfrage nach sozialen Diensten auf pathologische und pathogene Zustände ergibt sich, daß sie in einer individuellen Wohlfahrtsfunktion einen völlig anderen Stellenwert hat

---

[4] *Erich Schneider,* Einführung in die Wirtschaftstheorie, Band 2, 3. Auflage, Tübingen 1955, Seite 9.

Abb. 4: Nachfrage bei sozialen Diensten

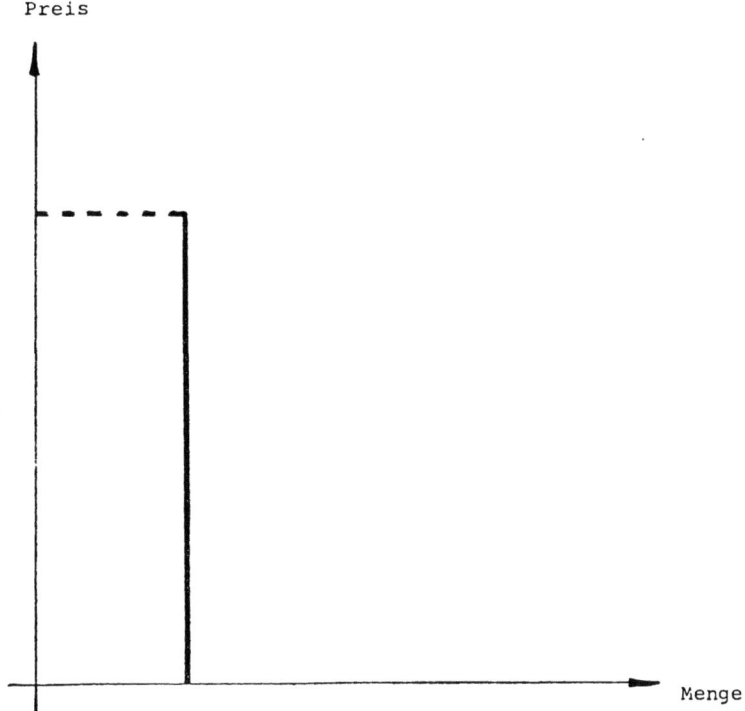

als die normale Konsumnachfrage. Die Theorie der Nachfrage des Haushalts geht üblicherweise — zu Recht — davon aus, daß ein zusätzlicher Konsum ohne Verminderung des bisherigen auf ein höheres Wohlstandsniveau führt. Für den zusätzlichen Konsum sozialer Dienste gilt genau dieses aber nicht. Soziale Dienste können bestenfalls — nämlich wenn sie ohne jede Einschränkung erfolgreich sind — den vorpathologischen Status bewahren bzw. wiederherstellen, aber nicht über das Wohlstandsniveau hinausführen, das erreicht war, ehe die Lebenssituation eintrat, die soziale Dienste erforderlich gemacht hat.

3. Annäherung von normalen Konsumbedürfnissen und Bedürfnissen nach sozialen Diensten

Wenn soziale Dienste in dieser Weise als Hilfen in Notsituationen und Leidenszuständen definiert werden, müßte sich daraus auch eine Antwort auf die 3. Frage, also auf die Frage nach einer Systematik oder Typologie konkreter sozialer Dienste, ableiten lassen. Das ist jedoch schwieriger, als es nach unseren bisherigen Überlegungen scheinen mag. Denn wenn sich auch normale Konsumbedürfnisse und Bedürfnisse nach sozialen Diensten, die nur in Notsituationen entstehen, *theoretisch* sehr klar und eindeutig unterscheiden lassen, haben sich in der Praxis doch Annäherungen, Verschiebungen, Überlagerungen ergeben, die die Grenzziehung erschweren. Die typologische Eindeutigkeit dessen, was ein pathologischer Zustand ist und daher einen Bedarf an sozialen Diensten begründet, ist durch verbesserte diagnostische und therapeutische Möglichkeiten, durch die strukturelle Verschiebung der Morbidität von den akuten (Infektions-)Krankheiten zu den sogenannten Verschleißkrankheiten, durch die Entdeckung ganz neuartiger psychischer und sozialer Störungen und durch die zunehmende Feinfühligkeit gegenüber Minderungen der Lebensmöglichkeiten und Lebenschancen, die früher als schicksalhaft hingenommen wurden, immer mehr relativiert worden. Die Ansprüche auf soziale Dienste breiten sich parallel mit neuen sozialen Arbeitsformen und neu erschlossenen Hilfemöglichkeiten immer mehr auf solche Lebenslagen aus, die nicht mehr den beschriebenen Unfall- und Katastrophencharakter haben, sondern bloß unangenehme Beeinträchtigungen sind, die allerdings den Keim zu schweren Dauerschäden in sich tragen können. Die Hilfen sollen daher früher einsetzen; auch leichte Unpäßlichkeiten sollen schon beseitigt werden, und zwar mit der doppelten Begründung, daß auch *sie* die Leistungs- und Genußfähigkeit bereits beeinträchtigen und daß sie erste Anzeichen für schwerwiegende Schädigungen sein könnten, die es zu kupieren gelte.

Wenn so der prophylaktische Aspekt bei den sozialen Diensten stärker in den Vordergrund tritt, insbesondere im pädagogischen und psychologischen Bereich, verwischt sich die reinliche Scheidung zwischen normalem Konsum einerseits und der Beanspruchung sozialer Dienste andererseits. Es gibt Präventivmaßnahmen, bei denen der Begünstigte bzw. Betroffene seinen Zustand vielleicht gar nicht als pathologisch empfindet, die aber die Allgemeinheit zu seinem Wohl oder zu ihrem eigenen Schutz ergreifen zu müssen glaubt; das kann man sich etwa an Maßnahmen der Zwangserziehung oder an gesetzlichen Pflichtimpfungen veranschaulichen. Es gibt insbesondere ganz allgemein eine graduelle Annäherung der sozialen Dienste an das normale Konsumangebot, die zwar in der Regel asymptotisch bleibt, aber zuweilen auch soweit gehen kann, daß beide sich überschneiden und miteinander in Konkurrenz treten. Das ist am deutlichsten in der Jugendarbeit, wenn etwa Clubhäuser, Tanzcafés und Ferienlager als soziale Hilfen offeriert werden. Aber auch Wohnheime, die ein eigenes Appartement ersparen, oder Maßnahmen der Kur- und Erholungsfürsorge, die durchaus Alternativen zum aus eigener Tasche finanzierten Urlaub bieten können, sind Beispiele für den gleichen Vorgang.

4. Systematik sozialer Dienste

Unter Berücksichtigung solcher Relativierungen der zunächst eindeutig erscheinenden definitorischen Abgrenzung der sozialen Dienste von anderen wirtschaftlichen Gütern und Diensten ließen sich die in ihrer Gesamtheit schwer zu beschreibenden sozialen Dienste durch eine Art „Reihe zunehmender Intensität der personalen Einwirkung" folgendermaßen systematisieren:

1. Beratung
   a) Auskunft auf bestimmte Fragen.
   b) Information über ein bestimmtes Problem, auch über die Aspekte, nach denen nicht gefragt wurde. Es geht also schon eine erste Initiative auf den Informanten über, doch bleibt der Fragesteller noch völlig frei und auf sich gestellt bei der Verarbeitung und Nutzung der Informationen.
   c) Unterrichtung, die insofern eine gesteigerte Form der Information ist, als der Informant sie nach systematischem Programm erteilt und kontrolliert, inwieweit sie verstanden wird.
   d) Anleitung, wie die Informationen zur Lebensgestaltung genutzt werden können.
   e) Rat, wie die Informationen genutzt werden sollten. Hier erfolgt ein erster direkter Eingriff in die Entscheidungen des Ratsuchenden, indem ihm nicht nur die Beurteilung verschiedener Alternativen ermöglicht, sondern die Auswahl der besten empfohlen wird.
   f) Anweisung zu „richtigem" Verhalten oder auch zu bestimmten Prozeduren innerhalb eines (sozialen) Lernprozesses. Hier werden die Entscheidungen dem Beratenen abgenommen, zumindest sehr stark gelenkt. Er bleibt aber auf jeden Fall noch frei, mitzumachen oder auszuscheiden.

2. Erziehung. Sie kann, ähnlich wie die Beratung, mit Methoden operieren, die von fast unmerklichem Geleit bis zu massiven, mit Gewalt durchgesetzten Anordnungen reichen. Der Unterschied zur Beratung liegt jedoch darin, daß der „Zögling", auch wenn ihm noch soviel Freiheit gelassen wird, nicht mehr die Freiheit hat, das Erziehungsverhältnis aufzukündigen. Seine Freiheit ist eine vom „Erziehungsberechtigten" gewährte. Der Erzieher ist der Verantwortliche, nicht der Erzogene.

3. Behandlung. Sie wirkt in anderer Weise auf die Person ein als die Erziehung: nicht total, die ganze Person erfassend, aber sehr viel direkter. Nach der Art der zu heilenden Schäden muß sie unterteilt werden in

a) somatische Therapie (Medizin)
b) psychische Therapie
c) soziale Therapie.

4. Pflege von Personen, die bestimmte Dinge — vorübergehend oder dauernd — nicht selbst für sich tun können, also die eigentliche Sorge für einen anderen. (Man könnte also statt „Pflege" auch „Fürsorge" sagen.) Sie kann sich darstellen als

a) Beistand bei kleinen alltäglichen Verrichtungen, als Handreichung, die einem anderen erleichtert oder abnimmt, was für ihn zu beschwerlich wird;

b) Versorgung mit allen (physischen) Lebensnotwendigkeiten, d. h. als die Pflege im engeren Sinne des normalen Sprachgebrauchs, insbesondere die Kranken- und Siechenpflege;

c) Stellvertretung als Geschäftsbesorgung für diejenigen, die so hilflos sind, daß ein anderer für sie handeln muß, bis hin zu der auch rechtlichen Übertragung der Entscheidungsbefugnis bei der Pflegschaft und der Entmündigung.

5. Die Finanzierung sozialer Dienste

Alle diese sozialen Dienste sind selbstverständlich nicht umsonst zu haben. Sie kosten Geld. Sie lassen sich, wie alle anderen wirtschaftlichen Leistungen, nur durch den Einsatz von Produktionsfaktoren erbringen, die entlohnt werden müssen, die also Kosten verursachen. Insbesondere erfordern sie Aufwendungen für die Beschäftigung qualifizierten Personals, zum Teil aber auch hohe Investitionen.

Daraus ergibt sich die Frage, wie soziale Dienste finanziert werden können. Wir kommen damit zu unserem volkswirtschaftlichen Kreislaufbild zurück. Wie lassen sich die sozialen Dienste hier einordnen?

Zunächst ist klar, daß sie auf die Seite der Produktion, der Leistungserstellung, also zu den Unternehmungen gehören (vgl. Abbildung 5). Darüber habe ich bereits gesprochen. Soziale Dienste werden — wenn man bei der wirtschaftlichen Redeweise bleibt — in einer Fülle verschiedenartiger Dienstleistungsunternehmungen „erzeugt", von ärztlichen Praxen über Altenpflegeheime bis zu Eheberatungsstellen.

Aber wie werden die Leistungen dieser „Dienstleistungsunternehmungen" finanziert? Wer fragt sie nach? Aus welchen Mitteln werden ihre „Produkte" bezahlt?

Diese Frage führt uns zurück zu dem Zusammenhang zwischen dem Sozialen Sicherungssystem und dem Sozialen Dienstleistungssystem. Wir haben gesehen, daß soziale Dienste nicht zum normalen Konsum-

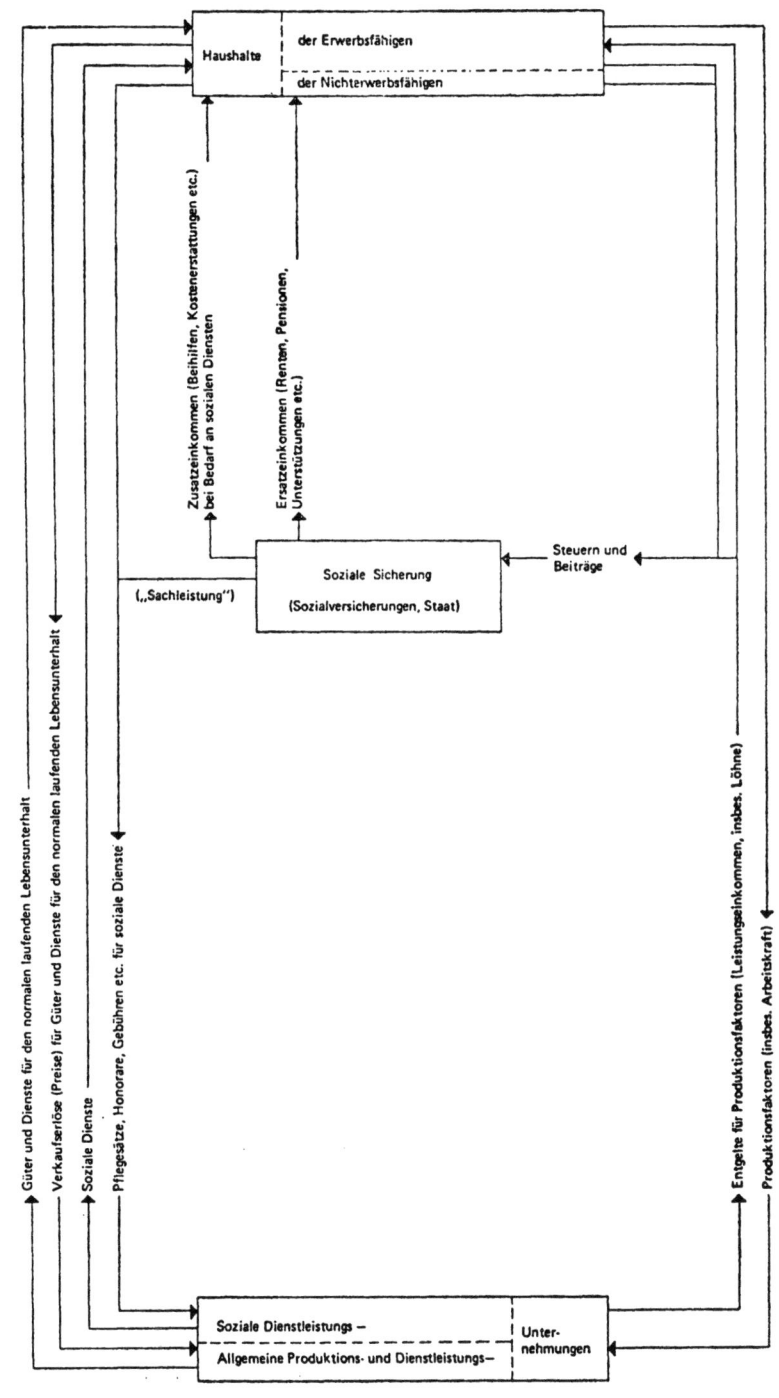

Abb. 5: Volkswirtschaftlicher Kreislauf mit (öffentlicher) Einkommensverteilung und Sektor Soziale Dienstleistungen

bedarf gehören, daß sie vielmehr nur in Notlagen, in pathologischen und pathogenen Lebenssituationen erforderlich und begehrt sind. Das Budget des normalen Haushalts ist daher nicht darauf eingerichtet, Mittel für die Bezahlung sozialer Dienste bereitzustellen. Es wäre — sozio-ökonomisch gesehen — auch Verschwendung, *jeden* Haushalt mit den Mitteln für die Bezahlung aller *eventuell* notwendig werdenden sozialen Dienste auszustatten, da diese Mittel in der Mehrzahl der Fälle überhaupt nicht gebraucht werden.

Wenn aber soziale Dienste gebraucht werden, ist der Aufwand dafür nicht nur in der Regel unabweisbar, sondern oft auch sehr hoch und sehr langfristig. Deshalb haben alle sozialen Sicherungssysteme neben dem *Lohn*ersatz, der Zahlung laufender *Ersatz*einkommen bei Erwerbsunfähigkeit, in bestimmten Fällen auch einen *Aufwendungs*ersatz, die Zahlung von *Zusatz*einkommen bei Bedarf an sozialen Diensten vorgesehen. Das gewichtigste Beispiel ist die Krankenversicherung. Sie gewährt neben Krankengeld, das den durch Arbeitsunfähigkeit entfallenden Lohn ersetzt, auch „Krankenpflege", um den Haushalt nicht mit den Behandlungskosten für die Wiederherstellung von Gesundheit und Arbeitsfähigkeit zu belasten. Denn diese Belastung würde ein normales Haushaltsbudget häufig nicht verkraften können. *Gustav Schmoller* hatte schon vor über 100 Jahren zur Begründung für die Einführung der sozialen Krankenversicherung gesagt: „Die Krankheitskosten wirken für die Familienwirtschaft wie die Kriege ... für die Staatswirtschaft. Sie kommen unregelmäßig und unerwartet; das gewöhnliche Budget ist nicht für sie eingerichtet[5]."

Funktionell gesehen geht es also darum, das Familienbudget von außerordentlichen Ausgaben zu entlasten, die durch soziale Dienste erfordernde Notlagen bedingt sind. Neben den Behandlungskosten im Krankheitsfall sieht unser soziales Sicherungssystem in bestimmten Fällen Zuwendungen für Pflegekosten (in der Unfallversicherung und in der Kriegsopferversorgung) und für Ausbildungskosten (im BAföG und im AFG) vor. Insbesondere aber hat die Sozialhilfe seit dem BSHG 1961 durch die „Hilfen in besonderen Lebenslagen" die Aufgabe übernommen, soziale Dienste der verschiedensten Art zu finanzieren, wenn die wirtschaftliche Kraft des Haushalts dazu nicht ausreicht. Insofern gehört die Sozialhilfe aus ökonomischer Sicht zu den Einrichtungen der sozialen Sicherung, die Einkommen umverteilen, nicht zu den sozialen Dienstleistungsunternehmen. Die Funktion moderner Sozialhilfe besteht gerade darin, die Inanspruchnahme der Vielfalt sozialer Dienste auch dann zu ermöglichen, wenn der private Haushalt nicht über die erforderlichen Mittel verfügt.

---

[5] *Gustav Schmoller,* Die soziale Frage, München und Leipzig 1918, Seite 371.

Das besagt *nicht,* daß die Sozialhilfe keine sozialen Dienste erbringen *könne* oder *dürfe.* Es besagt nur, daß die Sozialhilfe *in ihrem Wesen* nicht als soziale Dienstleistungsunternehmung definiert werden kann, sondern vielmehr funktionell als Finanzierungsinstitut *für* soziale Dienste den sozialen Sicherungseinrichtungen zugerechnet werden muß. Daß die Sozialhilfeträger *de facto* oft beide Funktionen wahrnehmen, die Finanzierung *und* die Bereitstellung und Leistung sozialer Dienste, macht es so schwierig zu erkennen, welche Funktion die Sozialhilfe in unserem sozialpolitischen Instrumentarium wahrnimmt. Die theoretische Analyse zeigt jedoch, daß die Sozialhilfe nur als Einkommensumverteilungseinrichtung unentbehrlich ist, während soziale Dienstleistungen nicht nur ohne Sozialhilfe *möglich* sind, sondern *realiter* in unserem Sozialsystem überwiegend außerhalb der Sozialhilfeverwaltungen erbracht werden, in ärztlichen Praxen, in Betrieben, in Schulen und insbesondere in den außerordentlich diversifizierten Einrichtungen und Aktivitäten der Freien Wohlfahrtspflege.

III. Die Entwicklung von Nachfrage und Angebot im Bereich sozialer Dienstleistungen

Aus diesen systematisch-theoretischen Überlegungen ließe sich eine Fülle von Folgerungen zu der Frage ziehen, welche qualitative und quantitative Entwicklung von Angebot und Nachfrage auf dem „Markt" für soziale Dienste zu erwarten ist bzw. zu fordern wäre. Die zeitlichen Restriktionen dieses Referates lassen es jedoch nicht zu, solche Schlußfolgerungen in der an sich erforderlichen Ausführlichkeit vorzutragen.

Statt dessen will ich versuchen, zum Abschluß einige Thesen für die anschließende Diskussion zu formulieren, ohne diese Thesen im einzelnen aus den vorgetragenen Überlegungen zu begründen oder ihren Zusammenhang mit den theoretischen Erörterungen, die wir soeben miteinander angestellt haben, näher darzulegen.

Diese etwas aphoristisch und feuilletonistisch, vor allem aber — mit voller Absicht — provozierend formulierten *Thesen* lauten wie folgt:

I. Die Nachfrage nach fast allen Arten sozialer Dienste wird zunehmen. Dafür gibt es vor allem 5 Gründe:

1. Sensibilisierung gegenüber sozialen Benachteiligungen

   Die Empfindsamkeit nimmt zu, die Leidensfähigkeit nimmt ab. Was man in früheren Zeiten hingenommen und ertragen hat, scheint heute unerträglich. Zunehmender Wohlstand macht Armut um so erschreckender. Leidende und Gebrechliche, die man nicht heilen kann, werden abgeschoben, isoliert; mit Krüppeln und Siechen zusammenzuleben, was früher selbstverständlich war, erscheint zu belastend.

2. Entwicklung neuer Therapieformen

Die wissenschaftliche Entwicklung erlaubt, immer mehr physische, psychische und soziale Schädigungen von Menschen zu beheben oder zu mildern. Die weitere Entwicklung der Wissenschaften wird weitere Hilfemöglichkeiten eröffnen.

3. Demographische Faktoren

Die pflege- und betreuungsbedürftige Altersbevölkerung wird weiter zunehmen. Insbesondere erhöht sich der Anteil der „alten Alten", der über 75-Jährigen und der über 80-Jährigen. Diese Prognose ergibt sich eindeutig aus den vorliegenden bevölkerungsstatistischen Daten. Das ist nicht zufallsbedingt, sondern ein Struktureffekt, der sich gerade in sehr langen Fristen um so stärker ausprägt, je niedriger die Fruchtbarkeit ist und je weiter die Sterblichkeit zurückgeht.

4. Zunehmende Komplexität der sozialen Umwelt

Kein Geringerer als Robert Musil hat schon vor 50 Jahren gesagt, daß die Zeit, die nötig ist, um die Eindrücke der modernen Welt zu bewältigen, ausreicht, um einen Menschen voll in Anspruch zu nehmen, selbst wenn er gar nichts nebenher tut. Die Fülle verfügbarer Informationen wird immer größer, aber auch der Aufwand zu ihrer Verarbeitung. Deshalb wird der Anteil der vom einzelnen rezipierten Informationen immer geringer, seine Orientierungsschwierigkeiten wachsen. Deshalb wird der Beratungsbedarf zunehmend wachsen, aber auch der Bedarf an Anpassungs- und Umstellungshilfen im Beruf und in vielen anderen Lebensbereichen.

5. Weitere Funktionsverluste der Familie

Die meisten sozialen Dienste sind in die Marktversorgung oder die öffentliche Versorgung übernommene Funktionen, die ursprünglich durch familiale Selbstversorgung erfüllt wurden. Herr Pfaffenberger hat das den Übergang von informellen zu institutionellen Leistungen genannt. So wie Einkommenssicherung durch öffentliche Einkommensumverteilung notwendig geworden ist, weil der Familienverband zerfallen ist und arbeitsunfähige Mitglieder nicht mehr mit unterhalten konnte, so werden soziale Dienste notwendig, weil die Kleinfamilie immer mehr von ihr bisher noch wahrgenommene Informations-, Erziehungs-, Behandlungs- und Pflegeleistungen ausgliedert — teils wegen Inkompetenz, teils wegen Überforderung. Diese Leistungen werden daher zunehmend von „sozialen Dienstleistungsunternehmungen" gegen Bezahlung erbracht.

II. Das Angebot an sozialen Diensten kann und wird zunehmen.

In „postindustriellen Gesellschaften" besteht nach bestimmten sozioökonomischen Entwicklungstheorien eine Tendenz zu fortschreitender Verlagerung von Produktion und Beschäftigung in den tertiären Sektor der Volkswirtschaft, d. h. in den Dienstleistungsbereich, nachdem im Verlauf des Industriezeitalters eine ähnliche Verlagerung von Produktion und Beschäftigung aus dem primären Sektor der Urproduktion in den sekundären Sektor der gewerblichen Gütererzeugung stattgefunden hat. Die Grenzen des Wachstums der Produktion materieller Güter fordern und fördern eine Zunahme der Beschäftigung im Dienstleistungssektor, nicht zuletzt im Bereich der wenig Rohstoffe und wenig Energie verbrauchenden personenbezogenen sozialen Dienste. Arbeitsmarktpolitisch könnte solche Entwicklung die Problemgruppe der Teilzeitbeschäftigungen suchenden Frauen begünstigen.

III. Die Zuteilung sozialer Dienste bleibt weitgehend unbestimmt.

Für soziale Dienste gibt es keinen Regelungsmechanismus wie den Markt. Die Nachfrage nach sozialen Diensten wird vom Angebot gesteuert, von professionellen Experten, nicht umgekehrt, wie auf Märkten. Die Anbieter sozialer Dienste diagnostizieren den Bedarf an den von ihnen erbrachten Leistungen selbst. Manchen Professionen überlassen Gesellschaft und Staat diese Kompetenz, wie insbesondere den Ärzten. Anderen Professionen wird entsprechende Kompetenz bestritten, wie die Diskussion über das Psychotherapeutengesetz und über selbständige Entscheidungsbefugnisse für Sozialarbeiter zeigen. Darüber haben wir gestern Nachmittag ausführlich gesprochen im Anschluß an das engagierte Plädoyer von Herrn Pfaffenberger für die Normsetzungs- und Entscheidungskompetenz des sachkundigen sozialpädagogischen Gewissens. Wo es keine Profession gibt, die über die Zuteilung sozialer Dienste entscheiden kann, gibt es auch keine Versicherung gegen die Kosten der entsprechenden Dienstleistungen. Die Entscheidung über die Zuteilung sozialer Dienste ist besonders wichtig, wenn diese kostenlos oder verbilligt abgegeben werden. Dann ist die Zuteilung sozialer Dienste zugleich Einkommensumverteilung. Ausschluß aus dieser Einkommensumverteilung bedeutet dann aber auch die Verweigerung sozialer Dienstleistungen, weil man sie selbst dann nicht „kaufen" kann, wenn man reich genug dafür ist.

Printed by Libri Plureos GmbH
in Hamburg, Germany